Kundalini

La guía definitiva para despertar a tus chakras a través del Kundalini Yoga y la meditación y para experimentar la conciencia superior, la clarividencia y el viaje astral

Tabla de contenido

Introducción

¡Acaba de decidir recibir información increíblemente útil que tiene la capacidad de cambiar su vida para mejor! Si bien aún puede sonar como un idioma extranjero en este momento, al descargar este libro, el despertar de la kundalini se ha convertido en un futuro que está a su alcance.

Gracias por elegir este libro entre todos los demás sobre este tema. Hay muchos libros sobre la kundalini y sus efectos en el cuerpo, la mente y el alma, pero usted ha elegido este, por esa razón, se lo agradezco. Gracias.

En las siguientes páginas, será guiado a través de listas basadas en grandes ideas de la kundalini, cómo despertar de mitos y disiparlos, beneficios del proceso de despertar, técnicas para guiar su enfoque, peligros y riesgos potenciales, errores más comunes, pasos generales para el éxito, y aún más conexiones metafísicas en el capítulo final.

En el primer capítulo, lo guiaré a través de los conceptos básicos de la kundalini, como qué es, cómo se relaciona con los chakras, qué puede hacer con eso y algunas preguntas frecuentes. En el segundo capítulo, entraremos en ese gran listado de beneficios que brinda el despertar, mitos sobre el proceso y signos de que usted está despertando. Luego, el tercer capítulo le enseñará técnicas del despertar y prácticas adicionales que pueden ayudar.

En el cuarto capítulo, encontraremos soluciones de cosas potenciales sobre su despertar, personas, situaciones, etc., que podrían estarlo frenando, así como los peligros y riesgos potenciales, y los errores más grandes que las personas han cometido (y cómo evitarlos). En el quinto y último capítulo, lo guiaré a través de la llamada "clase magistral" de la kundalini, con detalles sobre la curación y alineación de chakra y una guía para alcanzar planos superiores de conciencia, para proyección astral y viajes, y para desbloquear sus dones psíquicos.

Si bien la kundalini y su despertar no deben centrarse necesariamente en lo que puede *obtener* (especialmente en términos materiales o psíquicos) del proceso, sigue siendo útil saber todo lo que le espera y todo lo que potencialmente podría existir una vez que despierte la kundalini.

Capítulo 1: Introducción a la kundalini

Antes de entrar en los detalles de la kundalini y su despertar, primero debemos familiarizarnos con nuestros términos. Necesitará saber exactamente qué es la kundalini y por qué es tan importante para que los últimos capítulos de este libro tengan sentido. También necesitará aprender los conceptos básicos de sus chakras, para comprender cómo las prácticas de despertar de la kundalini se superponen e influyen en la curación de los chakras. A medida que avance por este capítulo, comenzaremos con la historia de la kundalini antes de abordar sus aplicaciones para los chakras, para la curación general y para su vida en general. Apriétese el cinturón.

La historia de la kundalini

Alrededor de la época del año 3.000 a.C., los antiguos indios empezaron a hablar y escribir sobre la kundalini. "Pequeña enrollada" es lo que significaba para ellos en su idioma, el sánscrito, pero significaba mucho más que la imagen de una pequeña serpiente que reside en la base de la columna vertebral. Para estos antiguos indios, la kundalini era su conexión con la energía sagrada y divina del universo y de la creación misma. Llamaron a esa fuente o energía de creación prana, y prana-shakti (o shakti) era la forma en que se manifestaba en formas de vida como los humanos y los animales en la tierra.

Para los seres humanos, la shakti se encuentra en la base de la columna vertebral, infundiendo vida, pasión y entusiasmo al cuerpo, la mente y el alma del individuo. La kundalini es un vehículo para esparcir la shakti por todo el cuerpo, y cuando la kundalini, esa pequeña serpiente enrollada que duerme en la base de todas nuestras espinas vertebrales, es despertada, hace que el individuo se convierta en un recipiente para la fuente de energía de muchas maneras. Si bien esta práctica original y el reconocimiento de la kundalini no estaban vinculados a ninguna religión o dogma en particular, sí estaban vinculados a la antigua tradición espiritual india y se vincularon con sus dioses y diosas en cierto grado.

Sin embargo, la kundalini no solo existía en la antigua India, lo que es absolutamente impresionante para mí. La kundalini también existió en las antiguas civilizaciones egipcias con diferentes nombres y diferentes dioses y diosas adjuntos a su comprensión. ¿Alguna vez se ha preguntado usted qué representa el símbolo ankh en la simbología e historia egipcia? Esencialmente, significa la unión de la masculinidad y la feminidad, la energía divina masculina y femenina, con el propósito de la creación (o fuente de recreación).

Los gobernantes egipcios luego llevarían el ankh como un talismán de espiritualidad y alineación con el potencial de la fuente en sus dictámenes cotidianos y a otras acciones. En la antigua cultura india, también, la kundalini estaba simbolizada por el lingam-yoni, otra combinación de energías masculinas y femeninas en forma física. Esta similitud y otras revelan que estas dos culturas antiguas estaban en la misma página sobre una fuerza tan intensa e impactante.

Luego, está la antigua China, donde surge el concepto de chi, que se parece mucho al despertar de prana, la shakti y la kundalini en la India. Una vez más, sin embargo, la redacción es totalmente diferente de un país a otro, de lo que están hablando es verdaderamente fascinante. Para estos antiguos chinos, el chi era esencialmente la energía de la vida o la fuente que existe dentro de todos nosotros, pero muchos de nosotros no tenemos el control de esta energía.

El Chi puede afectar la salud y el nivel de energía física en general, pero cuando está alineado con la sexualidad, el chi puede hacer cosas aún más increíbles. Al igual que las prácticas sexuales orientadas a la kundalini están centradas en la inversión de la energía del orgasmo de la corona (vea el capítulo 3 para obtener más detalles) en lugar de la base, los antiguos chinos sabían que enviar energía del orgasmo al cerebro podría alargar la vida, revertir los efectos del envejecimiento, y más. Este conocimiento de un canal central dentro del cuerpo que dirige la energía de un lugar a otro también evoca a la kundalini de la antigua cultura india.

La kundalini vuelve a surgir en la historia mundial con el inicio de la alquimia como práctica en la Edad Media. Una vez más, con diferentes nombres y terminología, la kundalini llegó a la gente a través de una práctica en la que los seguidores afirmaron que lo estaban aprendiendo para poder convertir los metales básicos en oro. El verdadero propósito era un poco más complicado. Estos alquimistas solo estaban trabajando en el despertar espiritual. ¿Y la historia de convertir metales básicos en oro? Esa era realmente una metáfora más acerca de la práctica de la personalidad en la que estaban comprometidos para encontrar una autoalineación más espiritual.

La alquimia es un tema fascinante para explorar y cuantos más y más detalles usted conozca, se colmará casi explícitamente cada vez más con la apreciación de la kundalini en la tradición india. En resumen, las herramientas básicas utilizadas en la alquimia se correlacionan con diferentes formas en que uno puede desbloquear su canal central para el mejoramiento de sí mismo (iluminación, despertar, poderes psíquicos y más), como lo que los antiguos chinos se referían a la inversión del orgasmo.

Sin embargo, aparte de estos otros ejemplos del mundo, la kundalini solo retuvo el mismo nombre y los mismos detalles en su país de origen, y todo el tiempo en la antigua India, la conciencia de la kundalini también estaba respaldada por la práctica del yoga. El movimiento físico y la meditación eran igualmente importantes para que esa pequeña serpiente enrollada se desenrollara y se pusiera en marcha.

Cuando un Yogui indio, Yogi Bhajan, trajo el yoga kundalini a California en los Estados Unidos en la década de 1960, su práctica se centró en la conciencia expandida sin drogas y con cierto espiritualismo sincero y real. Yogi Bhajan enseñaba un método de yoga que se centraba en la disciplina y el despertar corporal en aras del verdadero yo, y esta acción creó una conciencia rápida de la kundalini que continúa hasta nuestros días.

¿De qué se trata "la kundalini" exactamente?

La kundalini es, ante todo, una metáfora del flujo de energía en nuestros cuerpos. La palabra significa "pequeña enrollada", y describe una serpiente que se encuentra dormida en la base de nuestra columna vertebral que de alguna manera está llena de energía celestial y divina. La serpiente o culebra que duerme allí y espera para actuar como un vehículo para la divinidad en nuestros cuerpos y vidas. A medida que ocurre el despertar, la serpiente comienza a despertarse, desenrollarse y moverse a través de nuestros cuerpos como si estuviera nadando a través de un lago plácido. Los bloqueos en el cuerpo son procesados y disueltos. Las irritaciones y las peculiaridades de la personalidad se desvanecen. La expresión emocional se vuelve más y más fácil. Con la energía de la creación fluyendo a través de nosotros, las cosas se vuelven más sencillas y nos convertimos en trascendentes de varias maneras. Entonces, por un lado, la kundalini siempre tratará sobre cómo la energía divina puede fluir dentro de nuestros cuerpos con el esfuerzo y la práctica correctos.

En segundo lugar, la kundalini es una práctica de estar en un mundo que se enfoca en el despertar de su alma hacia la verdad. El despertar de la kundalini, ya sea impulsada a través de la meditación, el ejercicio físico, el yoga, la música, el arte, el perdón, las conversaciones, los grandes eventos de la vida u otros aspectos, le ayuda a aprender a escuchar y canalizar mejor su propia verdad. Le ayuda a obtener una perspectiva en momentos de necesidad, puede ayudarlo a sentirse menos solo, puede ayudarlo a encontrar su dirección en la vida y mucho más. Todo lo que usted tiene que hacer es ponerse en contacto con usted mismo a través de una variedad de técnicas y luego abrirse a su propio potencial interno. La kundalini hará el resto.

Tercero, la kundalini es una imagen que los antiguos pueblos indígenas crearon para expresar lo que sentían acerca de la divinidad. Para ellos, la kundalini era sobre el potencial que descansa dentro de nosotros. Se trataba del hecho de que todos tenemos la fuente de energía, la divinidad, dentro de nosotros, que puede ser despertada con la combinación correcta de conciencia, práctica, enfoque y esfuerzo. En todas las culturas en las que existía la kundalini, no importaba cómo se llamara, se usaba como una forma de conectarse con los dioses de la época, siempre fue una forma de desbloquear y aprovechar el potencial psíquico y aprender de ejemplos piadosos. Básicamente, la kundalini era una de las formas en que esta gente antigua encontraba la prueba de sus dioses, pero al mismo tiempo, la kundalini también les enseñó que el verdadero "dios" nunca requeriría un dogma para ser apreciado e impulsado en la vida de uno. Para nosotros hoy, la kundalini es similar en que nos enseña nuestro potencial divino y niega la necesidad de un culto de adoración. La kundalini simplemente está allí, y al despertar, demuestra nuestra conexión con la vida, con lo divino y con el resto de la humanidad.

Finalmente, la kundalini se trata de curar en todos los niveles. A través del tiempo, la conciencia y el despertar de la kundalini han sido atados con intentos de curación. Los antiguos chinos, junto con los alquimistas medievales y renacentistas, seguramente usaban sus versiones de "la kundalini" para tratar de volverse mejores personas. Los antiguos gobernantes egipcios llevaban sus ankhs para ayudar a solidificar y fortalecer su poder, "sanando" efectivamente sus capacidades de gobierno. Los antiguos indios también trabajaban para curarse entre sí a través del canal central de la kundalini. No importa de qué cultura surja el mensaje, parece ser el mismo: al aumentar la conciencia de los sistemas de energía en el cuerpo, podemos aprender a revertir los procesos de mala adaptación e instigar una curación más profunda y duradera.

Los Chakras y la Kundalini

Una de las maneras más fáciles de pensar en la kundalini es pensarla en términos de sus chakras. La kundalini obviamente trata con el movimiento interno, la sanación y la divinidad, pero puede ser confuso ver cómo sucede todo eso para usted, su sanación y su cuerpo cuando no es visible y solo se explica a través de la metáfora de una serpiente en ascenso. Demos un paso atrás y comencemos de cero con su comprensión, y creo que podrá entenderlo mejor en poco tiempo.

Imagine usted que hay siete "centros" energéticos en su cuerpo, todos alineados en diferentes puntos de su columna. En cada uno de estos centros, la energía fluye de un punto a otro, pero a veces, las cosas se atascan un poco. Algunos centros se cierran después de que experimenta un trauma o se entra en una pelea, mientras que otros centros pueden comenzar a mover la energía en la dirección incorrecta, lo que afecta el flujo general de este intrincado sistema para lo peor. A veces, solo un mal día o un rasgo de personalidad fuera de lugar pueden hacer que las cosas no funcionen lo mejor posible en esos centros.

Ahora, imagine usted que estos siete centros energéticos también están conectados con siete glándulas respectivas e importantes para su cuerpo que lo mantienen (y a usted) funcionando en forma de un barco. Estos centros son esencialmente sus chakras. Toda la situación que acabo de describir es real, y lo peor es que puede pasarle a usted. Introduzca: el despertar kundalini. Cuando llegue a un momento de su vida en el que esté listo para comenzar un despertar espiritual, esos bloqueos y tapones de flujo serán problemas mucho más grandes de lo que podría haber pensado que eran. Usted llegará a darse cuenta de que están encarnados en sus chakras, y depende de usted desenterrar el veneno.

Esos siete centros energéticos vinculados a las glándulas se llaman chakras, y podemos recorrer sus significados para que tenga una mejor comprensión a medida que avanzamos. De esos siete chakras o "ruedas de energía", cada uno se asocia con un color diferente, una parte del cuerpo, energía de curación y más.

Primero, comenzaremos con el chakra de la raíz. El chakra de la raíz se encuentra en la base de la columna vertebral donde descansan la kundalini y la shakti. El chakra de la raíz también se llama Muladhara, y se vincula con el color rojo, lo que afecta a áreas de su vida que tienen que ver con la supervivencia, la seguridad, la sexualidad y la conexión a la tierra. Además, este chakra se relaciona con la curación de los órganos reproductivos, las piernas y los pies.

El segundo chakra es el chakra sacro, y está ubicado a unas pocas pulgadas debajo de su ombligo. El chakra sacro también se llama Svadhishthana y se enlaza con el color naranja, afectando áreas de su vida que tienen que ver con la creatividad, originalidad, comunidad, confianza, placer y movimiento. Este chakra tiene la capacidad de curación de los intestinos, los ovarios y el sistema de desintoxicación del cuerpo.

El tercer chakra es el chakra del plexo solar, y está ubicado a unas pulgadas por encima del ombligo, alrededor del diafragma donde la caja torácica se une en la parte inferior del tórax. El chakra del plexo solar también se llama Manipura, y se vincula con el color amarillo, afectando áreas de nuestras vidas que tienen que ver con la confianza, la fuerza de voluntad, la asertividad, la dominación, la necesidad de control, la comunicación de la verdad y el sentimiento de valentía. Además, este chakra cura dolencias relacionadas con la digestión, la ansiedad, la autoestima y el sistema de desintoxicación del cuerpo.

El cuarto chakra es el chakra del corazón, y está ubicado directamente donde usted pensaría que estaría: en el corazón. También se llama Anahata y se vincula con el color verde, que afecta áreas de su vida que tratan con el amor, la compasión, la alegría, la calidez interpersonal, el desinterés y la familia o la sociedad. Además, este chakra cura dolencias de los sistemas circulatorio, respiratorio y esquelético.

El quinto chakra es el chakra de la garganta, y se encuentra en la garganta, como es de esperar. También se llama Vishuddha, y su color es azul. Afecta áreas de su vida que tratan con la comunicación, la vocalización, la verdad, el intercambio, el apoyo y la purificación. Incluso puede curar dolencias relacionadas con la respiración, la salud del esqueleto y la ingestión.

El sexto chakra es el chakra del tercer ojo, y descansa entre las cejas. También se llama Ajna, y se vincula con el color índigo, que afecta áreas de su vida que tienen que ver con la intuición, la visión literal y metafórica, la guía, la percepción de la realidad, la manifestación y la mentalidad general. Además, este chakra contiene capacidad de curación para la visión, el intelecto, el cerebro, la piel y la audición.

El séptimo y último chakra contenido dentro del cuerpo físico de uno es el chakra de la corona, y descansa en la punta de la cabeza. Se llama Sahasrara, y su color respectivo es un púrpura intenso y vibrante. Este chakra afecta las capacidades psíquicas, la espiritualidad, la conexión con la divinidad, el sentido del propósito y la misión, la dirección en la vida y la conciencia de la realidad cósmica. Este chakra también cura los problemas que se relacionan con el crecimiento del cerebro, la piel y el cabello.

Ahora, con estos siete chakras girando en la dirección correcta sin ningún tipo de bloqueo, su kundalini no podrá evitar el ascenso hacia ese estado de felicidad que percibe arriba. En última instancia, el objetivo, cuando uno se prepara para el despertar de la kundalini, es ayudar a despejar, abrir y alinear los chakras. Con la mayor facilidad de movimiento lograda, la kundalini responderá y demostrará qué tan bien sabe lo que hacer.

A medida que usted empiece a trabajar a través de los bloqueos o las inversiones energéticas de estos chakras, es posible que esas dificultades se vean así. Para el chakra de la raíz, los bloqueos pueden parecer poca energía, miedo general, fatiga constante, crisis de identidad, sentirse desconectado del mundo, trastornos de la alimentación, pérdida general o inconsistente de apetito, materialismo manifiesto, problemas para ahorrar dinero o problemas de salud constantes en general.

Para el chakra sacro, los bloqueos o inversiones pueden parecer falta de creatividad, falta de inspiración, poca o ninguna motivación, poco o ningún apetito sexual, sentimientos de falta de importancia, sentimientos de no ser amado, sentimientos de no ser aceptado, sentimientos de ser marginado, incapacidad para cuidarse a sí mismo, o problemas constantes y repetidos de relación con las parejas íntimas.

Para el chakra del plexo solar, los bloqueos pueden parecer crisis o déficits de identidad, baja autoestima, bajo o nulo valor personal, problemas digestivos, intolerancias alimentarias, poca fuerza de voluntad, cansancio constante, náuseas constantes, trastornos de ansiedad, trastornos hepáticos o enfermedades. Infecciones frecuentes, falta de fuerza central, falta de fuerza general, depresión constante con poca liberación, sentimientos de ser traicionados, sentimientos de ser rechazados, sentimientos de ser reemplazados o energía excesiva.

Para el chakra del corazón, las inversiones y los bloqueos pueden parecerse a la incapacidad de amarse a sí mismo o a los demás, la incapacidad de poner a los demás en primer lugar, la incapacidad de ponerse en primer lugar a uno mismo, la incapacidad de superar a un ex problemático, aferrarse constantemente a los rencores, los problemas de confianza, la ansiedad social o timidez intensa, incapacidad para expresar emociones de una manera saludable, problemas con el compromiso, postergación constante, ansiedad intensa o la incapacidad de hacer o mantener amigos.

Para el chakra de la garganta, los bloqueos pueden parecer un exceso de intercambio, incapacidad para hablar con sinceridad, incapacidad para comunicarse con los demás, laringitis literal, dolor de garganta, respiración o restricciones de las vías respiratorias, asma, anemia, fatiga constante, incapacidad para encontrar las palabras adecuadas, temor paralizante de ser mal entendido, nerviosismo en situaciones públicas, mareos intensos ocasionales, sumisión verbal, dominación verbal o evitar conflictos.

Para el chakra del tercer ojo, los bloqueos o inversiones pueden parecer falta de dirección en la vida, sentimientos cada vez más intensos de aburrimiento o estancamiento, migrañas, insomnio, problemas oculares o visuales, depresión, presión arterial alta, incapacidad para recordar los sueños, constantes y discordantes, flashbacks constantes y discordantes, mentalidad cerrada, paranoia, historia de trastornos mentales, historia de adicción, falta de sentimiento conectado con el mundo y la naturaleza y otros, cinismo, irritación constante o brotes incontrolables de acné.

Para el chakra de la corona, los bloqueos pueden parecer sentimientos de codicia, depresión intensa, necesidad de dominación sobre los demás, conductas autodestructivas, historia de adicción, conductas generalmente destructivas, disociaciones del plano físico, incapacidad para tomar las decisiones más simples, fatiga constante, migrañas horribles, pérdida de cabello, anemia, neblina cognitiva, mala función mental, falta de habilidades intelectuales o sentirse indigno de la divinidad, de dios o de la creación.

Qué debe hacer usted con su Kundalini

Ahora que conoce todos estos detalles sobre los chakras, puede comenzar a entender qué hacer con su kundalini. Una vez que estos bloqueos e inversiones energéticas se corrigen y se resuelven, usted puede usar la kundalini para alinear y abrir los chakras incluso más de lo que podría hacerlo conscientemente. Puede llevar a la kundalini al juego sin barreras y asegurarse de que las cosas se abren de adentro hacia afuera.

Sin embargo, aparte de los chakras, usted puede usar la kundalini para mucho más. "Usar" la kundalini suena mal así dicho, pero usted entiende la esencia. Hay cosas que pueden fortalecerse agregando a la kundalini a la mezcla, y hay cosas que usted nunca experimentaría si no fuera por su conexión con el shakti a través de esa serpiente kundalini. A medida que se acerque al despertar de la kundalini, tenga en cuenta las siguientes posibilidades, ya que hay muchos objetivos potenciales en el proceso de despertar, y depende de usted decidir hasta dónde lo puede manejar.

Para empezar, simplemente usted puede ser más consciente de su kundalini a través de la meditación en shakti y prana. Incluso antes de que llegue a una etapa en la que se está acercando al despertar (o se encuentra hundido hasta las rodillas), puede darse cuenta mucho más de lo que ocurre en su cuerpo, en los demás y en el mundo, meditando en la fuente de energía y dirigiendo esa percepción hacia la kundalini. Sus esfuerzos, en este caso, le ayudarán a establecer una base de potencial para el trabajo energético más adelante.

Puede volverse más consciente de la kundalini usándola para instigar su despertar o dejando que esto ocurra naturalmente. Si está interesado en acelerar el proceso, considere cualquiera de las técnicas enumeradas en el capítulo 3. Si está más interesado en tomar las cosas de forma natural (y, por lo tanto, un poco más lento), simplemente comience a meditar. Intente incorporar la práctica diaria de meditación en su vida, o si ya practica yoga, comience a agregar un segmento de meditación más largo al final de su práctica de yoga cuando lo haga. Cuando usted medita, puede trabajar para silenciar sus pensamientos y conectarse con esa calma, el espacio en su interior, o puede meditar sobre la kundalini en sí y su potencial para comenzar a realizar esa importante labor de la kundalini en el mundo.

Usted puede aplicar la kundalini al trabajo de desarrollar sus habilidades psíquicas, que siempre han sido parte de usted. Uno de los efectos secundarios del despertar de la kundalini es que estará más conectado que nunca con sus habilidades psíquicas, y sí, usé el plural de "*habilidades*" intencionalmente. Usted tendrá que acostumbrarse a pensar que el psiquismo es algo natural en lugar de sobrenatural. No es una locura pensar que usted es psíquico, mucho menos con habilidades psíquicas. En verdad, los humanos son criaturas psíquicas innatas, y cada uno de nosotros tiene una variedad de dones psíquicos para desbloquear con tiempo y paciencia. No será solo una cosa, será una combinación de regalos que se entrelazarán y agregarán contexto o dirección a la misión de su alma en la vida. La forma en que usted elija usar esos regalos depende solo de usted, pero si está en el punto de despertar de la kundalini cuando los reciba, seguramente querrá alinear el uso de esos regalos con su mayor potencial posible.

Usted también puede experimentar la conexión mística y la iluminación a través del despertar de la kundalini. A medida que trabaja a través de sus chakras y llega a la corona, debería sentir una conexión completamente nueva con la divinidad. Su kundalini comenzará a moverse y agitarse a través de sus centros de energía, y las cosas cambiarán una vez más. Puede descubrir que experimenta una felicidad inexplicable, cambios en los rasgos de la personalidad, conexión con guías espirituales y guardianes, la liberación de viejos miedos y más a medida que llega a este punto con el despertar, pero su intelecto no se quedará atascado o se quedará atrás, estará con usted a lo largo del trayecto. Recuerde que no tiene que usar intencionalmente a la kundalini para este fin, ya que esto sucederá como un síntoma de su despertar independientemente.

Incluso usted puede curarse a sí mismo y a los demás con el poder de la shakti que fluye libremente por todo su cuerpo. Ya sea que elija usar este poder para usted o para otros, es decisión suya, pero por ahora, debe saber que será dotado con capacidad de sanación a medida que avanza el despertar de la kundalini. Su cuerpo comenzará a curarse naturalmente a sí mismo, e incluso sus células se repondrán y repararán de maneras que nunca hubiera imaginado que fueran posibles. Si bien la adaptación al despertar de la kundalini será difícil y habrá un período de desintoxicación, una vez que comience el proceso, descubrirá que se siente mejor que nunca y está listo para enfrentarse al mundo.

Usted puede vivir de una forma más real. Con su kundalini activa y comprometida, se sentirá más seguro, valiente, digno e inspirado para llevar a cabo su misión del alma en el mundo, y no podrá manejar la expresión de emociones no reales (ya sean de usted o de otros). Al alinearse con el despertar, la piedad y la divinidad, también se acomoda en el campamento de lo genuino, lo auténtico y lo honesto. Querrá apoyar a las personas que ama y brindará servicios a otras personas que sabe que realmente lo necesitan. Usted se volverá más consciente de cómo funciona el sistema a su alrededor, por lo que será exigente y cauteloso sobre dónde gastar su dinero. En general, podrá vivir una vida más plena y agitada, pero también será mucho más gratificante una vez que llegue allí y permita que las experiencias fluyan.

Como punto final por ahora, también puede dirigir la energía kundalini hacia cualquier objetivo, ya sea manifestación, curación, atracción o de otra manera. Cuando se llega a esto, será difícil encontrar una sola cosa que no pueda fortalecerse o adaptarse para mejor con el despertar de la kundalini respaldándolo. Usted podrá aprovechar su enfoque hacia cualquier medio, cualquier sueño y cualquier objetivo. Podrá poner en marcha planes que solo han estado pasando en pensamientos hasta ahora. Se entenderá a sí mismo y al mundo mejor que nunca, lo que le permitirá actuar en él de manera que atraiga exactamente lo que desea. Imagínese como un imán poderoso, que puede dibujar lo que necesite, y eso es esencialmente lo que puede esperar de todo esto. ¡Prepárese para la aventura! El despertar será una experiencia salvaje para todos nosotros.

Preguntas frecuentes

¡La versión "Tl; dr" está por llegar! Si prefiere ir directamente a lo básico, esta sección lo tiene todo en un solo lugar, pero si terminó aquí porque aún lee los libros capítulo por capítulo de forma secuencial, esta sección puede considerarse un resumen, aunque todavía puede ayudarle a pulir la información que ha estado recibiendo hasta ahora. En general, obtendrá información enfocada y determinada antes de pasar a los detalles más jugosos de la kundalini, los beneficios del despertar, las técnicas relevantes del despertar y más.

¿Qué es la kundalini?

En resumen, la kundalini es un recipiente para el shakti: energía universal, cósmica, divina, santa, que fluye por el cuerpo humano. Para algunos reinos de estudio, la kundalini en realidad es la energía divina del universo manifestada en nuestros cuerpos, porque es lo que inspira la creación artística y la procreación reproductiva en el reino humano. En cualquier caso, la kundalini es el ejemplo interno de todo lo que es demasiado grande para que lo entendamos, y cuando se activa, puede proporcionar las experiencias más increíbles (y la vida en general) para el que la practica.

¿Qué es el yoga kundalini?

El yoga kundalini es una práctica traída a los Estados Unidos (y al Occidente en general) en la década de 1960 por un practicante llamado Yogi Bhajan. Quería compartir con estos hippies contraculturales de Estados Unidos que usaban drogas, cómo llegar realmente a los "máximos" espirituales. Su versión de la iluminación no requería drogas, rock and roll ni viajes. El método de Yogi Bhajan fue el despertar de la kundalini enfocado a través del yoga. Básicamente, el movimiento del cuerpo a través del yoga ayuda a disolver los bloqueos y aumentar el flujo de la kundalini, por lo que esta meditación guiada predica la capacidad de realizar lo que todos los jóvenes que usaban psicodélicos intentaban hacer, pero mejor.

¿Cómo se vincula el yoga kundalini al despertar de la kundalini?

El yoga kundalini se relaciona directamente con el despertar de la kundalini. El despertar realmente no puede tener lugar sin la práctica de algo físico para asegurarnos de que el cuerpo y la mente estén equilibrados, y el yoga kundalini es el vínculo perfecto con el despertar de la kundalini en este sentido. Si usted puede encontrar un estudio de yoga local que ofrezca el yoga kundalini, ¡apúntese! Es una guía maravillosa en la experiencia de la iluminación.

¿Qué debo esperar del despertar de mi kundalini?

Para obtener más detalles, puede consultar el capítulo 2 para ver los diferentes elementos de qué esperar y el capítulo 4 para conocer los peores escenarios y las formas de solucionar los problemas de la experiencia. Sin embargo, también puede encontrar una respuesta general en las siguientes oraciones. Cuando comience el proceso del despertar de la kundalini (es decir, meditación, yoga, introspección, análisis de sí mismo y del mundo, y más), se encontrará a usted mismo zumbando. Experimentará más sincronicidades que nunca antes, y podrá encontrarse además guiado para trabajar o procesar viejas heridas emocional y físicamente. A medida que usted se involucre completamente con el despertar, habrá un período de desintoxicación en el que estará irritable, oloroso, y lo último que querrá hacer es meditar. ¡Resuélvalo! Pase por esta fase rápidamente, y al otro lado, experimentará los síntomas de la activación completa de la kundalini y más. Espere salud, emoción, conectividad con el universo y la divinidad, esperanza, menos depresión, comidas más sanas, orientación, sincronicidades y amor que le llegará desde todos los rincones de su vida.

¿Kundalini, shakti, prana, chi, qi y reiki, hablan todos estos de lo mismo?

Esencialmente, sí. La kundalini es una expresión de shakti, que es lo mismo que prana, qi, chi y reiki. Todos estos términos hablan de la energía intrínseca, creativa y fuente del universo. Lo positivo y lo negativo, la oscuridad y la luz, la atracción y la pérdida, la creación y la destrucción, los opuestos de la existencia como vivimos y respiramos a diario, son esta fuente de energía, solo vivimos en el medio de ella.

¿Será esta experiencia dramática o sutil? ¿Incómoda o fácil? ¿Dolorosa o indolora?

Al comienzo de su proceso de la kundalini, dependiendo de los bloqueos de chakra, las viejas heridas y los traumas que tenga que superar para alcanzar una vibración de despertar, las cosas pueden ser dramáticas y dolorosas. Pero si permanece decidido y se mantiene enfocado, *superará* esos sentimientos y tiempos dramáticos para alcanzar un espacio futuro pacífico y estable que esté completamente alineado con la iluminación. Por otro lado, el despertar será incómodo, a veces, *para todos*. Eso es inevitable, ¡pero sentirse incómodo de vez en cuando es algo bueno! Nos mantiene alerta y nos permite volver a aprender nuestros límites, ya que cambian a medida que crecemos y nos curamos. El despertar de la kundalini nos enseña a aprender de estas llamadas "experiencias negativas" de incomodidad, drama y dolor para que podamos ver cómo nos forman y lo que finalmente nos enseñan acerca de nosotros mismos y de la humanidad en general.

¿Qué obtendré de esto?

En primer lugar, este tipo de pensamiento no está necesariamente alineado con la vibración de la iluminación o el despertar. Si se presenta ante la oportunidad con escepticismo pero busca inmediatamente obtener algo de la experiencia, ni siquiera estoy seguro de que su pensamiento esté alineado en ello. Si usted es escéptico, ¡pruébelo y vea qué pasa! ¿Qué puede perder? Si usted no es escéptico pero es un creyente que busca ganancias, intente meditar en el despertar de la kundalini como un potencial para usted y observe si es guiado de alguna manera. Honestamente, podría ser que el despertar de la kundalini no sea lo correcto para usted en este momento, pero si realmente cree que lo es, escuche esto y reflexione: obtendrá a cambio lo equivalente al esfuerzo dedicado.

¿Necesito un gurú / tutor / curandero / maestro para este tipo de trabajo?

Respuesta corta: no, no lo necesita. Respuesta más larga: cualquiera podría beneficiarse de un maestro, pero no necesariamente necesita uno para esta labor. Su propia conexión, sus guías y su kundalini puede ser todo lo que necesita para tener éxito en términos del despertar. También hay una gran cantidad de sitios web que visitar al buscar asesoramiento, y el capítulo 4 de este libro también proporciona tácticas de solución de problemas para cuando necesite orientación. Sin embargo, si se topa con un maestro o un gurú, ¡observe a dónde le lleva esa relación! Nunca rechace una serenidad tan hermosa.

¿Cómo se despierta la kundalini?

Hay una serie de técnicas diferentes que puede utilizar para iniciar y acelerar las cosas, y esos métodos se pueden encontrar en el capítulo 3, pero hasta que llegue a ese capítulo, aquí hay una breve guía. Primero, comience a meditar y practicar yoga (u otro ejercicio físico ligero). Luego, puede cambiar su dieta para que sea más saludable o para una vibración más alta. También puede tener un listado de cambios que desee hacer en su vida a medida que su rutina diaria se vuelve más compleja y orientada hacia la salud. Finalmente, en meditación, se sentirá claro y abierto, y la kundalini comenzará a elevarse. Esto marca el comienzo del despertar, y se establecerá en su camino.

¿Cuáles son los beneficios para la salud del despertar de la kundalini?

Se pueden encontrar varios beneficios para la salud en el capítulo 2, pero por ahora, será suficiente saber que el despertar de la kundalini puede desencadenar una serie de patrones de curación. Puede ayudar a reparar las células y desencadenar la autofagia. Puede curar lesiones (de naturaleza emocional y física), aumenta la salud mental y la estabilidad emocional, puede curar el sistema inmunológico, puede ayudar con la función respiratoria, funciona para el corazón y puede hacer muchas cosas más.

Si estoy practicando otra religión, ¿debo tratar de despertarme de esta manera o es demasiado?

El despertar de la kundalini no interferirá con su práctica religiosa. Fácilmente puede superponer su fe en la práctica del despertar. Si lo necesita, puede llamar al shakti de forma distinta para que se alinee con su Dios. Si no puede llamarlo meditar, llámelo "pensar las cosas". Si no puede llamarlo yoga, llámelo "estiramiento". Adapte las cosas según sea necesario y permita que se unan entre sí. Absolutamente, usted puede seguir trabajando para el despertar sin importar en qué verdad crea.

¿El despertar de la kundalini estará en conflicto con mis otros métodos de búsqueda de la iluminación espiritual?

¡Supongo que depende de qué otros métodos termine usando! Sin embargo, la respuesta en su mayor parte es no. El despertar de la kundalini no debería estar en conflicto con sus otros métodos, de hecho, debería fortalecer su búsqueda general de iluminación porque el despertar de la kundalini es tan innecesario como un dogma o una religión que lo respalde. Puede existir sin fe, y puede combinarse fácilmente con muchas otras expresiones espirituales. Seguramente, solo reforzará sus otros métodos, y será fascinante ver cómo trabajan todos juntos para ayudar a su verdad divina.

¿Es considerado una mala decisión forzar a la kundalini a despertar?

Sí. No querrá forzar explícitamente a la kundalini a hacer nada. Incluso instigar su despertar puede ser demasiado para algunas personas, por lo que siempre, siempre recomiendo que las personas comiencen lentamente con el proceso para asegurarse de que no se lastimen (enérgicamente, físicamente, emocionalmente o mentalmente). Comience por meditar diariamente durante aproximadamente una semana y agregue yoga y ejercicio cuando sea posible. Luego, agregue otras tácticas que considere oportunas, pero incorpórelas con suavidad y lentitud. ¡No intente todo a la vez! Puede parecer increíble estar en el estado de despertar en este momento, pero es probable que todavía no esté emocionalmente preparado para superar esos bloqueos de chakra, y si fuerza el movimiento de la kundalini con demasiada dureza, puede hacer un daño energético duradero hacia usted, a sus chakras, y a usted mismo como un todo.

¿Se interpondrá este despertar en mi trabajo?

No es probable que el despertar de la kundalini se interponga en su trabajo, pero cuando está en esas etapas previas a la activación donde las cosas se están desintoxicando, es posible que quiera ser un poco más paciente con sus compañeros de trabajo o incluso tomarse un día para despejar su mente cuando sea posible. No es del todo necesario que salga del trabajo, y probablemente sea energéticamente mejor para usted superar cualquier dificultad en lugar de evitarlo, pero a veces también puede ayudar. Como un consejo para aquellos que trabajan con remanentes emocionales difíciles en el trabajo, intente conectarse todo lo que sea posible. Respire profundamente y trate de encontrar un momento o dos de paz para meditar. Concéntrese en sus metas y su verdad, luego observe si algo ha cambiado.

¿Se interpondrá este despertar en el camino de mi familia?

No hay virtualmente ninguna razón por la que su despertar de la kundalini se interponga en el camino del tiempo familiar. Si tiene una familia y le preocupa esta pregunta en particular, asegúrese de programar sus meditaciones para los momentos en que pueda estar solo. Asegúrese de tener en cuenta las necesidades de su familia tanto como sea posible, pero sea comunicativo acerca de lo que está pasando para que puedan ser compasivos y comprensivos con usted a medida que crece. Si lo que le preocupa es la familia en general, manténgase con su verdad y conectado si intentan desafiarlo. Si su concentración falla, tome ese inevitable paso hacia atrás y respire profundamente. Enfóquese en la idea y permítase procesarla completamente más tarde cuando pueda manejarla mejor.

¿Qué pasa si mi kundalini comienza a despertar y se detiene?

Esta experiencia es más común de lo que usted se imagina, y creo que sucede porque las personas están haciendo una de dos cosas: (1) Podrían estar forzando el despertar en primer lugar, y sus cuerpos los estaban alcanzando, o (2) también podrían estar llegando a un punto en que se despiertan y sienten que saben todo, y luego la kundalini se desliza para descansar porque esa arrogancia no deja espacio para el crecimiento. Si anteriormente tuvo un comienzo de despertar y paró, considere sus acciones. Si está listo para volver a intentarlo, tenga en cuenta el resultado pasado y utilícelo como un maestro motivador para avanzar.

¿El ejercicio ayuda o dificulta este tipo de despertar?

El ejercicio es un gran impulso para el despertar de la kundalini, ¡siempre y cuando no se exceda! De hecho, practicar un despertar sin ningún tipo de ejercicio físico significa que el despertar sería completamente desequilibrado si pudiera lograrse. El ejercicio físico ayuda al cuerpo a procesar las cicatrices del trauma de maneras que nuestros cerebros ni siquiera podrían entender. Ya sea bailar, correr, levantar objetos, trabajos básicos, artes aéreas, yoga o cualquier otra cosa, ¡hágalo! ¡Su cuerpo (y la kundalini) se lo agradecerán!

¿Cómo será el despertar una vez que finalmente se logre?

El despertar nunca se "alcanza completamente". Es más bien un proceso continuo en ya través de las profundidades de la espiritualidad y la divinidad a medida que avanza la vida. Sin embargo, el individuo en el proceso del despertar será y actuará de cierta manera en el mundo a medida que se acostumbre al potencial involucrado en el despertar. El individuo será más amable de lo normal para todos, estará más interesado en la conversación y la comida con mayor vibración y más abierto a la amistad. Es probable que él o ella mediten diariamente y lleve a cabo una rutina que proporciona liberación física y energética en muchas formas. El individuo puede incluso experimentar con el sexo tántrico con su pareja. Esta persona solo sabrá cosas y querrá trabajar al servicio de otros o en una profesión relacionada con la curación.

¿Tendré habilidades especiales una vez que mi kundalini se despierte?

La respuesta larga es que sí, las tendrá, sin embargo, no se trata de estas habilidades especiales. El despertar tiene que ver con la misión de toda la vida de conectar con la divinidad, y estas habilidades fomentan la causa. Asegúrese de tener sus ojos en el premio real cuando haga preguntas como esta. Si necesita una respuesta firme y rápida, consulte el capítulo final de este libro.

¿Cuánto tiempo llevará este proceso?

El proceso del despertar puede llevar desde unas pocas semanas hasta varios años. Cada persona es diferente. Todo el mundo llega a la experiencia en un momento diferente de sus vidas, con diferentes tipos de dolor de esta vida, cargas ancestrales y bloqueos de chakra debido a ambos. No hay una cantidad correcta o incorrecta de tiempo, y tampoco hay una respuesta correcta. Llevará tanto tiempo como sea necesario, y no más.

¿Cómo puedo saber si estoy haciendo algo mal?

Es relativamente difícil hacer algo "incorrecto" que no sea forzar completamente el proceso del despertar o el aumento de la kundalini. Sin embargo, si necesita solucionar su experiencia, puede consultar el capítulo 4 y, si necesita un consejo más sólido, tengo exactamente lo que necesita. Básicamente, usted sabrá si algo está mal porque no se sentirá bien. Cuanto más fortalezca su intuición, mejor idea tendrá de lo que está alineado con sus objetivos y lo que está dañando su vibración. Además, cuanto más en contacto se encuentre con sus guardianes y guías espirituales, más podrá usar su apoyo para obtener consejos para preguntas como esta.

Aparte de la meditación y el yoga, ¿qué puedo hacer para ayudar al proceso?

Honestamente recomendaría simplemente tomar las cosas como vienen. Trate de leer todo lo que pueda. Medite diariamente y practique yoga. Añada nuevas técnicas con el tiempo. Eche un vistazo al siguiente capítulo para obtener algunos detalles adicionales sobre cómo hacer exactamente eso. Como siempre, intente dar un paso atrás si está intentando apresurar las cosas conscientemente.

¿El despertar de la kundalini ayuda con el TDAH y otros trastornos?

Absolutamente. A veces, las personas con TDAH sufren desequilibrios de chakra que no se correlacionan bien. Por ejemplo, la mente de alguien está completamente fuera de alineación con su corazón o voz o plexo solar. Para estas personas, la medicina estándar realmente no ayuda ni cura el problema general. El despertar de la kundalini tampoco lo hará, pero llegará a la raíz de esos problemas de chakra y ayudará a resolver ciertas cosas desde esa perspectiva. Los trastornos energéticos o del estado de ánimo a menudo son ayudados por el despertar de la kundalini, aunque en diversos grados. Si usted descubre que está trabajando para lograr el despertar de la kundalini y su parloteo mental se vuelve insoportable, no importa lo que intente, es posible que no pueda combinar bien el despertar y su trastorno. En ese caso, no se obligue a continuar. Intente hacer las cosas de otra manera, y si aun así no se siente bien, deje el despertar de la kundalini para otra persona.

Capítulo 2: Principios básicos de la kundalini

Ahora que usted entiende algo de la información básica sobre su kundalini, qué es y cómo funciona en su cuerpo, es hora de entrar en los detalles. Este capítulo presentará 10 beneficios específicos para el despertar de la kundalini, 10 mitos sobre el despertar de la kundalini y 21 signos para notar y apreciar su propio despertar a medida que se produce. Prepárese para impresionarse.

10 beneficios del despertar

Al analizar estos 10 beneficios del despertar de la kundalini, es importante tener en cuenta que estos efectos maravillosos son impresionantes, pero concentrarse en ellos como sus únicos objetivos en el despertar le restan valor a la experiencia 26enerals que puede tener. Aproveche cada beneficio y agradezca su potencial, pero no se deje atrapar por la mentalidad de "yo, yo, yo" que está tan estrechamente relacionada con el ego. Agradezca y alégrese consigo mismo y por los demás de que estos cambios ahora son posibles para usted, y luego su enfoque se alineará con su más alta intención.

El aumento de la inteligencia y de la capacidad de coeficiente 27enerals2727a27

A medida que comience su proceso de despertar, su mente se volverá más clara y sus capacidades mentales se profundizarán y enriquecerán su potencial. Usted podrá 27enerals 27enerals27 tareas y organizarse 27ener que nunca, e incluso puede ver que su número de coeficiente 27enerals2727a27 aumenta literalmente a medida que su kundalini comienza a moverse hacia dentro. A medida que la energía shakti se invierte y rueda a través de sus chakras, alcanzará su tercer ojo y el chakra de la corona, desbloqueando estas capacidades mentales tan fácilmente como funciona en su corazón y sanando.

Mayor sentido de la paz, la dicha y la tranquilidad

Uno de los beneficios más 27enerals experimentados del despertar de la kundalini incluye una mayor sensación de paz, 27enerals27, tranquilidad y confianza en el 27enerals en el que se encuentra exactamente donde debería estar. Anótelo a la meditación, al yoga o incluso al ser en la naturaleza, pero también es cierto que cuando su despertar de la kundalini comience y se sostenga, podrá encontrar una paz profunda y duradera incluso en momentos fuera de la naturaleza o la meditación. Usted comenzará a notar cómo esa paz existe en un espacio interior que lleva siempre con usted y en todas partes.

Mayor sentido de propósito y 27eneral en la vida

A medida que la shakti fluye a través de su cuerpo, trayendo luz, percepción y conectividad a su mente, corazón, órganos, alma y más, comenzará a encontrar una mayor experiencia de sincronicidades en su vida. Surgirán patrones y comenzará a notar signos que le 27enerals direcciones productivas o esclarecedoras. Incluso, comenzará a notar que sabe lo que quiere, en lo que siempre ha estado interesado y cómo eso puede traducirse en que comience a vivir su propósito y su 27eneral del alma en esta vida. A medida que su despertar progrese, estará cada vez más 28enera de la dirección y el tema de su 28eneral, y por su altura, encontrará esa 28eneral en movimiento.

Aumento de las percepciones sensoriales

La mayoría de las personas que experimentan el despertar de la kundalini en algún momento se dan cuenta de que sus sentidos han aumentado. Desde el olfato hasta el gusto, el oído, el tacto, la vista e incluso el sexto sentido psíquico, los sentidos del individuo florecen y se afilan como el filo de la hoja de un cuchillo. Es 28enerals que uno o dos sentidos se intensifiquen mientras que el resto permanezca igual, e incluso que algunos de sus sentidos se debiliten durante un par de semanas, mientras que los otros se intensifican en su lugar. No importa cómo suceda, no se alarme ni se sienta abrumado, ¡o bien se ajustará o sus sentidos se equilibrarán eventualmente!

Capacidad anti-envejecimiento en la mente y el cuerpo

Algunos de los beneficios que acompañan al despertar de la kundalini son las manifestaciones físicas antienvejecimiento, como sentirse más fuerte y más atractivo, tener una piel y un cabello más 28eneral y sanos, experimentar un aumento de la autofagia y un proceso de envejecimiento generalmente más lento. Para la mente, también, el despertar de la kundalini lo mantiene joven, elegante y capaz de manejar cualquier cosa. Incluso puede ralentizar o revertir los efectos de los trastornos cerebrales degenerativos.

Mejor 28enerals28 con la divinidad, dios, la diosa, la luz, etc

A medida que usted 28enerals con el proceso del despertar de la kundalini, incluso si comienza como un ateo acérrimo, puede encontrarse cuestionándose a sí mismo y esas creencias por las increíbles y conectivas experiencias espirituales, que son posibles a través del despertar de la kundalini, son difíciles de asimilar sin comenzar a creer en algo más grande que usted. Para aquellos que piensan que su fe es la única fe verdadera, pueden encontrar su 29eneral vacilante y abrirse a algo nuevo y diferente a través de sus experiencias de los despertares de su kundalini, pero 29enerals que difícilmente será un ajuste incómodo.

Mayor capacidad para el placer sexual (29enera de entrada al sexo tántrico)

A medida que la energía de la kundalini y shakti comienza a fluir en su cuerpo sin bloqueo, puede descubrir que su capacidad para el placer sexual está totalmente alterada. Puede sonar loco y desconectado de la kundalini y su aumento, pero recuerde lo que la kundalini levanta a través de sus chakras, y ese chakra base tiene que ver con la sexualidad, la confianza, la protección y la seguridad. Finalmente, a medida que el chakra de la raíz se abre y se limpia y la kundalini comienza a elevarse, tiene la posibilidad de experimentar orgasmos más intensos, y sus orgasmos pueden ocurrir espontáneamente, como uno de los efectos secundarios del despertar. Usted aprenderá cómo controlar y enfocar esta energía de la creación orgásmica, y parte de ese enfoque puede traducirse en un mundo completamente nuevo: el sexo tántrico. El despertar de la kundalini y el sexo tántrico van de la mano, porque la mayor conciencia de vibración requerida para uno está íntimamente conectada con el otro.

Mayores habilidades psíquicas

Junto con esas percepciones sensoriales incrementadas para sus 5 sentidos básicos, su sexto sentido también recibirá un empujón. Usted tiene la oportunidad de experimentar el despertar psíquico en varios niveles a medida que 29enera en su despertar de la kundalini. Ya sea que sus dones sean numerosos o 29enerals29, cambiarán su vida. Puede recibir o desbloquear la capacidad de ver 29eneral, ver señales o eventos futuros, saber cosas antes de que sucedan, mover cosas sin tocarlas, atraer cosas a su vida, ver u oír los pensamientos y sentimientos de otros, para curar a los demás sin tocarlos, saber lo que las personas necesitan y más. Además, recuerde que si no termina experimentando ninguna habilidad psíquica o su aumento, podría ser porque su ser superior sabe que no está listo para usarlas correctamente o por los medios más puros. Reconsidere sus motivaciones y proceda con esa perspectiva en mente.

Mayor sentido de la capacidad de manifestación de nuestro cuerpo.

La ley de atracción es una de las 12 leyes 30enerals3030 que definen la naturaleza de nuestra realidad física. Lo que ponemos en el 30enerals 30enera a nosotros. Incluso sin el despertar de la kundalini, todos los humanos conservan esta capacidad para alterar sus mundos y atraer a sus vidas exactamente lo que puedan necesitar. Sin embargo, con el kundalini despertado o en el proceso de fluir, la capacidad de atraer lo que uno necesita y de manifestar sus metas y deseos se incrementará. Esto garantizará una mayor responsabilidad y sensibilidad en nombre del individuo en cuestión, ya que el dicho de Spiderman es cierto: "Un gran poder conlleva una gran responsabilidad".

Alivio físico de ciertas enfermedades y trastornos

Muchas personas que padecen enfermedades crónicas o que luchan con trastornos agotadores encontrarán 30enera de estos males durante su proceso del despertar de la kundalini. Debido a todos los efectos físicos antienvejecimiento y analgésicos que puede lograr el despertar de la kundalini, estas personas están claramente garantizadas para recibir 30enera de esta manera. Para aquellos con 30enera, enfermedades que amenazan la vida, trastornos autoinmunes y más, podría ser que el proceso de despertar de la kundalini le 30enera el 30enera que ha estado ansiando.

10 mitos sobre la kundalini y su despertar

Hay muchos mitos que flotan alrededor sobre qué es la kundalini, cómo se despierta y cómo se puede ver su despertar. Hay especialmente muchos mitos negativos, pero el despertar de la kundalini es una práctica que ha existido durante milenios, y su enfoque puede existir en 30enerals30 encarnaciones diferentes.

Puede significar una mala experiencia para alguien que se acerca a su despertar con objetivos impuros en mente, pero aún significa una experiencia tan 31enerals para tantos otros que es útil desentrañar qué es un hecho y qué es ficción antes de avanzar sin saberlo, con suposiciones inexactas. Si bien es cierto que ninguna forma de despertar es la correcta, esta sección seguramente le ayudará a descubrir algunas de las formas de pensar acerca de la kundalini por las que no vale la pena interesarse.

El despertar de la kundalini es peligroso, y la energía liberada es aterradora

El despertar de la kundalini está lejos de ser peligroso. Para aquellos que no entienden el proceso, puede parecer extraño que algunas personas tengan arrebatos durante la meditación o experimenten espasmos musculares o llanto espontáneo. Puede parecer poco saludable que las personas cambien su dieta a algo radicalmente diferente de lo que han comido toda su vida. A algunos les puede parecer chocante que las personas establezcan mejores conexiones con lo divino. Sin embargo, puede parecer que el despertar de la kundalini es 31enera y 31enerals3131, y la energía liberada está lejos de ser aterradora, es saludable, natural e 31enerals31.

El despertar de la kundalini está ligado a una 31enerals específica (o es un culto)

Mientras que "la kundalini" proviene del sánscrito y toma su origen lingüístico de la 31eneral India, no hay una 31enerals específica asociada al despertar de la kundalini. Cuando Yogi Bhajan y su práctica de yoga kundalini iniciaron el proceso de despertar de la kundalini, incluso esa práctica de yoga fue una apreciación más secular de la divinidad y su conexión con los poderes del 31enerals y de la creación misma. La kundalini no se conecta con ningún culto o dogma religioso. Es simplemente algo que existe dentro de usted en relación con la 31enera de energía, y puede despertarlo si lo desea, de ahí el propósito de este texto.

Tendrá que usar un casco constantemente una vez que despierte su kundalini

Algunos creen que su estado despierto lo hace más sensible, lo que garantiza la cobertura de la cabeza para proteger los chakras de la corona y del tercer ojo, el aura y el cerebro. Ya sea que el casco sea un turbante, una bufanda, un pañuelo o de otra manera, estas personas piensan que solo necesita algún tipo de cobertura. Sin embargo, no hay evidencia de que esta pieza de cabeza y su uso para cubrir la cabeza realmente ayuden a proteger el estado energético de la persona. La kundalini y la energía shakti no podrán 32eneral a través de la parte superior de su cráneo y filtrarse en su cuero cabelludo, por lo que realmente no hay razón para preocuparse por este tema.

Todo se relaciona con el sexo cuando se trata del despertar de la kundalini

Si bien el despertar de la kundalini obviamente tiene correlaciones con el sexo, la salud sexual y el despertar sexual, absolutamente no tiene que lidiar con tales temas. A veces, el despertar de la kundalini le permitirá curarse de los traumas causados por estos temas y acciones en la vida, y lo más alejado de la mente de este individuo será 32enera a incorporar el sexo lo más rápido 32enerals. Afortunadamente, el despertar de la kundalini nunca se precipitaría ni forzaría algo así. Al igual que con todos los tipos de curación, el sexo puede incorporarse cuando esté listo, y no antes de ese punto.

La relación con sus amigos y su familia sufrirá tras el despertar

Si bien puede desarrollar diferentes intereses de su familia, lo que hace que quiera pasar su tiempo de manera diferente a como lo hacen ellos, sus conexiones con estas personas nunca tienen que sufrir debido a su proceso de despertar. De hecho, su paciencia con ellos y su comprensión solo deberían aumentar, ayudando a su relación. Si tiene menos y menos tiempo o paciencia para estas personas, es 33enerals que deba reconsiderar qué papel quiere que desempeñen en su vida o qué papel realmente quiere desempeñar en la de ellos. En su caso, podría ser que la kundalini le esté recordando que la familia es más que solo sangre, y no tiene que conformarse con aquellos que lo traumatizan y abusan de usted. Esencialmente, su relación solo sufrirá cuando su yo superior esté listo para que termine.

El despertar de la kundalini tiene que ver con la respiración y la meditación, no es físico en 33enerals

El despertar de la kundalini estaba originalmente ligado explícitamente a la práctica del yoga kundalini. En esos tiempos, siempre estaba ya conectado entre lo físico y lo 33enerals33, el movimiento y la respiración, y el yoga y la meditación. Por lo tanto, incluso hoy en día, el despertar de la kundalini no debe ser solo uno de estos extremos. Nunca debe ser solo yoga o solo meditación. Nunca debe ser solo paseos por la naturaleza o meditaciones al aire libre. El despertar de la kundalini siempre debe incorporar ambos para que la mente, el cuerpo y el alma, las tres partes del individuo, puedan despertarse juntas, sin dejar ninguna parte atrás y sin dejar nada olvidado.

Solo se puede experimentar el despertar de la kundalini si es guiado por un 33ene

Este mito fue propagado por el creador del yoga kundalini, Yogi Bhajan, y tiene sentido por qué lo estableció. En su tiempo, nadie estaba practicando el despertar de la kundalini a gran escala. La gente tampoco 33ener información inmediata de la propagación de Internet. Era la década de 1960, y la gente en realidad necesitaba una guía para no sentirse loca o hacer algo incorrecto. En estos días, este sentimiento serio y 33enerals3333 en nombre de Yogi Bhajan tiene mucho menos uso para nosotros. Con el inicio de Internet y las habilidades que 33eneral para enseñarnos mutuamente a partir de esta información, puede enseñarse cómodamente a meditar y guiarse a través del despertar de la kundalini con apenas una palabra de entrada de otra persona.

Solo ciertas personas pueden tener este despertar porque es muy difícil

Para empezar, es un error pensar que el despertar de la kundalini es un esfuerzo difícil. No es realmente difícil en 34enerals, es solo que el despertar de la kundalini 34eneral firmeza, 34enerals3434, determinación y enfoque. Estos rasgos son simplemente más difíciles para algunos que para otros, pero incluso si no son naturalmente en su timonera, el despertar de la kundalini lo ayudará a adaptarse e incorporarlos a su práctica para que las cosas se vuelvan más fáciles con la respiración. Ahora, para el mito general: *cualquiera*, repito, *cualquiera*, puede experimentar el despertar de la kundalini. No es que sea difícil, y no es solo para ciertas personas. Cualquiera puede manejar el despertar, y solo depende de si está listo y no puede soportar toda la experiencia. Si tiene problemas, no piense que no funcionará para usted. En cambio, mire sus heridas, sus traumas y sus cicatrices. Considere acudir a un terapeuta al menos una vez y luego intente despertarse nuevamente. Puede ser que necesite resolver algo más en grande antes de poder trabajar hacia arriba, por así decirlo.

La única forma de despertar a su kundalini es tener el reiki hecho para usted

Si bien puede parecer que el reiki y el despertar de la kundalini están explícitamente vinculados entre sí, no lo están. Usted puede despertar su kundalini sin tener nada que ver con el reiki. Puede hacer el reiki por años sin siquiera hacer un despertar de la kundalini, también. Es más por lo que el despertar de la kundalini y la curación de reiki se superponen 34ener que la necesidad de que se usen juntos. Si tiene muchos problemas con su despertar, puede intentar el reiki para decir dónde están los bloqueos de sus chakras y cuán problemáticos son esos problemas de flujo para sus objetivos. Sin embargo, no hay necesidad de 34enerals estas 34enerals34 en

35enerals, y puede despertar su kundalini sin tener que hacer el reiki para usted.

Obtendrá poderes sobrehumanos con el despertar de la kundalini

No, el despertar de la kundalini no lo convertirá en un 35ener héroe. Tampoco lo hará sobrehumano. Sin embargo, si considera que los dones psíquicos y los desarrollos son habilidades sobrehumanas, es 35enerals que desee reconsiderar su forma de pensar. Es cierto que el despertar de la kundalini puede desbloquear sus dones psíquicos. Sin embargo, las habilidades psíquicas no son tan extraordinarias para los humanos como podríamos imaginar. Originalmente, los humanos tenían tantos sentidos como chakras (que en realidad son 22), pero nos volvimos ciegos, sordos y mudos, por así decirlo, después de caer en desgracia. Ahora, casi no 35eneral suficientes sentidos, ya que 35eneral chakras en el cuerpo (7). Los 22 sentidos originales eran todos "psíquicos" y cualquier habilidad que 35enerals35 para reconectarse con los 17 sentidos perdidos es una habilidad extraordinariamente natural.

21 Signos del despertar de Kundalini

Al comenzar el proceso de despertar de la kundalini, será de gran ayuda saber que muchas cosas le sucederán, algunas de ellas salvajes, pero lo que le está sucediendo a usted no significa que esté loco. De hecho, es probable que signifique que está exactamente en línea con lo que debe hacer en el proceso. En esta sección, se le presentarán más de 20 signos o "síntomas" de su despertar continuo.

Seguramente pondrán a prueba su capacidad para sacar su ego y orgullo de su práctica y centrarse en lo que puede compartir con el mundo (porque lo que está buscando es verdaderamente increíble).

Sentimientos de rayos en el cuerpo

Se puede decir que usted está bien encaminado hacia el pleno despertar cuando comienza a sentir sensaciones de hormigueo que van desde vibraciones hasta rayos en su cuerpo. Es una experiencia extraña, pero no durará para siempre, y le 36enerals que es una 36ener señal.

Olas de flashes fríos y calientes

A medida que 36enera hacia el despertar de la kundalini, puede experimentar destellos extremos de calor y frío, que recuerdan a una mujer que está pasando por la menopausia. Estos destellos no se aislarán en ninguna área del cuerpo. Usted puede encontrar un 36enera en sus ondas, pero también pueden ser totalmente aleatorios.

Liberación emocional espontánea durante la meditación

Ya sea enojo, llanto, risa, tristeza, alegría o de otra manera, cualquier emoción extraña y fuerte que surja durante la meditación son señales seguras de que su despertar está en marcha. El aumento de la kundalini le está ayudando a procesar bloqueos emocionales a su 36eneral con este esfuerzo.

Hacer sonidos o gestos de 36eneral durante la meditación

De manera similar, es 36enerals que experimente momentos intensos de lo que solo se puede 36enerals36 como "36enerals3636 animal" en la meditación. Nuevamente, su kundalini está trabajando para ayudarlo a procesar y despejar los bloqueos energéticos, y ese trabajo a menudo se realiza 36ener a través de espíritus y expresiones 36eneral.

Las manos, las extremidades y los pies tienden a entumecerse y temblar

A medida que la energía de despertar de la kundalini y shakti comienza a reconfigurar el funcionamiento de las cosas en el chakra de su corazón, su corazón físico puede verse afectado ocasionalmente. No se preocupe si experimenta que sus manos, extremidades o pies se duermen más de lo normal. Es absolutamente normal para su "condición".

Mayor deseo de 37eneral lugares antiguos y sagrados

Si experimenta continuos impulsos 37eneral para viajar por el mundo y ver esos famosos sitios sagrados y antiguos, ¡no cuestione esos impulsos! Indudablemente, están conectados a su proceso de despertar, y usted debería seguirlos tanto como pueda.

Sobrecarga sensorial frecuente (al principio)

Si usted ha estado trabajando con la energía de la kundalini y shakti durante un tiempo y no está 37enera de que esté viendo efectos, observe sus sentidos. ¿Ha estado abrumado o sobrecargado fácilmente recientemente? ¿Ha estado más sensible de lo normal? Lo más probable es que estos efectos secundarios emocionales estén relacionados con sus sentidos y, por lo tanto, sean ocasionados por su despertar.

Ondas espontáneas de dicha o incluso placer

Podría ser que el despertar de la kundalini tenga la reputación de ser todo sobre el sexo debido a este síntoma o signo del proceso. Es cierto que algunas personas pueden experimentar ondas espontáneas de éxtasis o 37enerals37. No sucede a menudo, pero algunas personas también pueden tener un 37enera espontáneo, en función de cómo se están limpiando los bloqueos de sus chakras y de cómo se está moviendo la serpiente. Es increíble, pero definitivamente es un signo de despertar.

Períodos de creatividad extremadamente intensificados

Especialmente a medida que usted comienza a trabajar con los bloqueos del chakra sacro, comenzará a tener períodos extremadamente 37enerals37, y estos momentos son una prueba innegable del despertar. Incluso si esos períodos no duran mucho o no se mantienen a lo largo del tiempo, le permitirán 38enerals trabajos 38enerals38 que le ayudarán a mejorar su 38enerals3838a al despertar en general.

La boca se llena de agua durante la meditación

Usted puede encontrar que su boca se llena de agua mientras practica la meditación. ¡No vaya al 38enera preguntándose qué le pasa a su cuerpo! Es solo un efecto secundario del movimiento de la kundalini a través de su 38eneral, y es sin duda una 38ener señal.

Canto espontáneo de canciones antiguas (que usted no ha escuchado) o práctica de técnicas yóguicas antiguas (que ni siquiera había intentado)

Parte de lo que sucede durante el despertar de la kundalini es que uno encuentra conexiones con sus vidas pasadas y, a veces, encuentra que las 38enera técnicas del oficio de despertar surgirán para él o ella en meditación que esta persona nunca podría haber sabido de antemano.

Sentir intensos dolores de cabeza durante la meditación que se resuelven fácilmente

Si experimenta dolores de cabeza intensos durante la meditación, ¡trate de no tomar medicamentos para aliviar el dolor! Trate de salir de la meditación, y si el dolor de cabeza se resuelve al final, entonces 38enera que está resolviendo los bloqueos del chakra del tercer ojo o de la corona y su despertar de la kundalini está casi 38enerals.

Tener 38eneral de esqueletos o ancestros durante la meditación

Algunos de los efectos secundarios o signos de despertar más comentados incluyen la capacidad de ver a los 38eneral, a los ancestros de uno o a los esqueletos. Algunas personas hacen todo su enfoque durante el despertar para tener esta habilidad, pero no debería ser así. Si experimenta estas 39eneral, simplemente sepa que está en el camino correcto y no tenga miedo. Las formas en que usted puede usar esta habilidad le serán reveladas a su debido tiempo. Por ahora, manténgase conectado a tierra y no se deje asustar o emocionar demasiado.

Cambios de humor frecuentes en la vida cotidiana

Es 39enerals que descubra que usted está más sensible de lo normal, especialmente en el campo emocional. Si sus cambios de humor son más extremos e intensos de lo que está acostumbrado, tómeselo con calma con los demás y consigo mismo. Todo es parte del despertar, y definitivamente se resolverá solo con el tiempo.

Escuchar sonidos (como la música) que nadie más escucha

A medida que su vida pasada y sus recuerdos ancestrales se desbloquean, es 39enerals que descubra memorias sonoras que nadie más puede percibir. A medida que recibe mensajes sobre yoga, meditación y espiritualidad a través de la meditación, estos tonos pueden acompañar el conocimiento, pero todo es solo una parte de la 39enerals39. No vaya corriendo al 39enera o a su terapeuta todavía y no tenga miedo.

Recibir ondas espontáneas de sabiduría, 39enera o conocimiento

Cuanto más y más alineados estén sus chakras y más libremente se mueva esta serpiente de energía, más sincronicidades recibirá en la vida diaria y más a menudo experimentará estos pequeños y hermosos momentos de 39eneral claridad y comprensión. Estas epifanías sucederán con mayor frecuencia a través de su despertar.

Ver 39eneral del pasado

Es 39enerals que se encuentre realizando caminatas profundas y determinantes a lo largo del camino de la memoria durante el despertar, y también puede recibir 39eneral literales de sus vidas pasadas, de esas personas y sus comportamientos. No se alarme. Su kundalini lo está guiando a través de la información que necesita recibir para alcanzar un despertar 40enerals.

Sentimientos de pureza profunda e inquebrantable

A medida que usted elimina la toxicidad y las capas de "suciedad" de sus chakras, verá que se siente cada vez más "puro" y conectado a todos los aspectos de la divinidad. Puede que le parezca extraño ahora, pero la "pureza" divina no es algo sobre lo que burlarse, es un estado mental que es feliz, confiado, fiel y absolutamente orientado al crecimiento.

Las enfermedades comienzan a curarse

Si bien es cierto que algunos signos del despertar incluyen la disminución de los síntomas físicos de los trastornos y la enfermedad, también puede 40ener el caso de que los trastornos y las enfermedades comiencen a curarse literalmente en este proceso.

Las peculiaridades de la personalidad se reducen y suavizan

Muchas personas terminan creando problemas de personalidad cuando se despiertan sus kundalinis. Seguramente, cuando se trata de los chakras, los bloqueos pueden manifestarse como rasgos de personalidad problemáticos o negativos, de modo que cuando ese proceso de despertar se inicia y se 40enera completamente, la personalidad se convertirá en un lienzo o en arcilla, lista para ser pintada o esculpida a la voluntad de la divinidad.

Mayor inspiración artística de la naturaleza y otros

Especialmente si usted es un artista que ha pasado por un período seco en términos de motivación 40enerals durante mucho tiempo, será un signo claro de despertar cuando encuentre una mayor inspiración en lo natural y en el día a día. Ni siquiera tiene que ser explícitamente de la naturaleza, ya que durante el proceso del despertar, podría ser que las interacciones interpersonales 41enerals o el movimiento de automóviles o el transporte público sean suficientes para inspirarlo ahora.

Capítulo 3: El despertar de la kundalini

Este capítulo está dedicado a aquellos lectores que están listos para trabajar directamente en el despertar de la kundalini. En las siguientes páginas, encontrará 29 técnicas para ayudarlo a través de su despertar de la kundalini, y el capítulo termina con 6 métodos adicionales que pueden intentar mejorar su experiencia. Ya sea que haya sentido el despertar de la kundalini antes o se haya enterado de él por primera vez a través de este libro, se garantiza que los consejos incluidos en este capítulo brindarán contenido, profundidad y conocimiento de sus experiencias a medida que avanza.

29 Técnicas para el Despertar

Desde las técnicas de meditación hasta los consejos interpersonales y las tácticas de navegación mundial simples, las opciones que se proporcionan en esta sección lo ayudarán a superar el simple conocimiento de la kundalini y el despertar al lugar donde se puede poner el conocimiento en práctica. Reúna su alfombra de yoga, su incienso y su mente, porque las cosas están a punto de amplificarse.

Aplique el yoga kundalini a su práctica

Cuanto más pueda hacerlo, agregar capas físicas a su práctica meditativa será increíblemente beneficioso. El yoga kundalini es el mejor lugar para comenzar, especialmente si está trabajando en el *despertar* de la kundalini en particular, en lugar de solo la conciencia o el equilibrio de chakra. El yoga kundalini le ayudará a superar esos bloqueos de chakra y poner en marcha la kundalini al mismo tiempo que aumenta su práctica meditativa dentro de la dimensión del cuerpo humano en movimiento. Se sorprenderá de lo bien que funciona todo en conjunto una vez que comience a amplificar su práctica con el yoga.

Utilice técnicas de visualización para aumentar el movimiento shakti

La visualización es casi esencial para usar como un medio para aumentar el movimiento shakti en todo el cuerpo en forma de kundalini. Los antiguos indios estaban en la página correcta cuando dieron nombres relacionados a estos pozos cósmicos de energía dentro de nosotros. Comprendieron cuán poderosas pueden ser las metáforas y las imágenes cuando se trata del funcionamiento del cuerpo interno (y la energía sutil de cada uno). Por ejemplo, como recordatorio, "la kundalini" significa una pequeña enrollada: la serpiente del universo o energía de fuente (shakti) que existe en la base de nuestra columna vertebral. Estamos destinados a imaginar a esta serpiente encantada y abriéndose camino a través de nuestros chakras. Estamos destinados a visualizar esto y muchas más cosas. Cuanta más visualización pueda incorporar en su práctica, mejor.

Utilice técnicas de meditación guiada para aumentar el movimiento shakti

Mucha gente necesita ayuda para separarse de las distracciones de la mente y el mundo antes de poder enfocar lo suficiente como para visualizar estos intrincados movimientos internos. En estos casos, siempre recomiendo la meditación guiada. Hay muchas maneras de ayudar a aumentar su kundalini según las técnicas que las personas comparten en los foros de meditación en línea e incluso en sitios como YouTube. Los audiolibros de meditaciones guiadas también podrían proporcionar la guía que usted necesitará para poder apagar ese cerebro consciente y concentrarse de manera simple y meditativa en la shakti, esa fuente de energía pura y potente que quiere moverse dentro de usted. Busque estas meditaciones guiadas para el despertar de la kundalini y estará muy agradecido de haberlo hecho.

Intente sacar la kundalini de su corona

Esta técnica, en términos de un potenciador de su despertar, está un poco más orientada a los detalles que otras. Se trata de la forma en que visualiza la kundalini moviéndose desde esa fuente espinal dentro de usted hasta la punta de su corona y retrocediendo. Esencialmente, usted querrá intentar cambiar su enfoque. Si ha estado imaginando cosas (como lo haremos la mayoría de nosotros de manera innata) como si la serpiente hubiera estado elevándose desde su base, con ese chakra raíz como su centro energético del cual sale y al que finalmente regresa, cambie las cosas de una manera impactante pero sutil. Imagine que su chakra de la corona es su centro energético y observe cómo la kundalini es arrastrada a través de su cuerpo, como si fuera un imán que descansa en la parte superior de su cabeza. Luego, una vez que la kundalini se eleva a este punto de la corona, imagine que retira el “imán” y deja que la serpiente “caiga” hacia su extremo opuesto antes de regresar con el imán reemplazado. Recuerde que usted es un ser espiritual que tiene una experiencia humana, como muchos han dicho en otros lugares. Su chakra de la corona mantiene su potencial más puro, y la energía shakti responde bien a eso una vez que lo reclama como su "fuente" energética.

Cambie su mentalidad

Hay algunos obstáculos no intencionales que tienden a surgir para muchos practicantes de la kundalini. Principalmente, querrá realizar un par de comprobaciones para asegurarse de que su mentalidad esté tan alineada con el despertar de la kundalini como sea posible. Rechace tantas fuentes de negatividad en su vida como pueda. Si no puede deshacerse de ellos, trate de enfrentarlos y llamarlos, o simplemente ignórelos. También a nivel personal, puede trabajar para cambiar la negatividad a su extremo opuesto de expresión cuando se trata de los rasgos de su personalidad, sus rutinas, sus hábitos y más. Además, cuanto menos apego tenga a las cosas y patrones materiales, más abierto estará a los cambios que el despertar tiene para usted. En general, por lo tanto, rechace (y posiblemente contrarreste) la negatividad y el apego, y seguramente florecerá. (Como nota general, si este método no funciona para usted, no se obligue a hacerlo, especialmente si crea efectos tóxicos en usted. En ese caso, puede tener un bloqueo del chakra del tercer ojo o de la corona que necesita ser trabajado antes de que se pueda lograr un despertar completo).

Juegue al observador

¿A menudo se encuentra a sí mismo que es el centro de atención, que es algo más que un simple miembro de un equipo deportivo o de una compañía de teatro? ¿Generalmente ansía ese tipo de apoyo y conciencia pública? Ahora viene la parte más complicada. Cuando usted es el centro de atención, ¿nota cosas mejores o peores? ¿Toma la imagen completa o tiene una visión limitada de solo lo que está haciendo (y quizás por lo que percibe el espectador)? Estaré dispuesto a hacer una suposición de que usted no es completamente consciente de lo que está sucediendo, particularmente en su entorno, en los momentos en que ocupa ese puesto público. Tal vez un poco más de tiempo dedicado a jugar al observador le ayude. Para las personas que resuenan con el mensaje detrás de este punto, trate de ser un poco más sutil en los sitios públicos. Vea quién se levanta en su lugar y luego escuche lo que tienen que decir. Interrumpa sus necesidades e impulsos de esta manera, y su kundalini se dará cuenta del poderoso cambio energético que está instigando, respondiendo a su propia manera.

Encuentre un maestro, colaborador, gurú o mentor

Si está listo para hacerlo y puede, comience a abordar la idea de reunirse y asociarse con un maestro. Ya sea que lo considere un colaborador fuerte e inteligente, un mentor, un patrón, un maestro, un gurú o de otra manera, simplemente comience a considerar la posibilidad de que una persona como esta entre en su vida. A medida que continúe practicando meditación, yoga y el resto de sus técnicas de levantamiento de la kundalini, es probable que encuentre que su vibración atrae exactamente lo que usted desea. Ahora, este esfuerzo de atracción implicará un poco de acción de su parte para mantener la vibración, pero las acciones involucradas son más fáciles de lo que parecen. Esencialmente, es esto: si usted tiene alguna corazonada en este proceso, sígala. Si cree que debería hablar con esta nueva persona en particular, confíe en sí mismo y vaya a por ello. Si usted quiere probar a comer en un restaurante diferente, vaya y manténgase abierto a lo que sucede. Puede encontrar a su profesor en los lugares que menos espera, solo permanezca abierto a las experiencias, conversaciones, encuentros y situaciones que cambiarán su mundo. A veces, solo vivir esa apertura es acción suficiente.

Use el canto y el kirtan

Algunos elementos más tradicionales del despertar de la kundalini implican la combinación de mente y cuerpo a través del canto. Esta alineación mente-cuerpo no solo es increíblemente productiva para el flujo de energía shakti a través de su sistema, sino que también esta combinación, en particular, con su enfoque expresado a través de la vocalización, realmente ayudará a aquellos practicantes que luchan con los bloqueos del chakra de la garganta. El canto espontáneo también es un síntoma o un signo de despertar de la kundalini, por lo que quizás practicar un poco le ayude a llegar allí. Para comenzar, intente cantar su mantra o su visión de lo que quiere que suceda exactamente con su despertar de la kundalini o su "lugar feliz". Si sigue una devoción religiosa, podría intentar una oración a su dios o diosa. Si no es importante para usted qué religión seguir y simplemente quiere involucrarse con algún tipo de divinidad activa, busque un kirtan local. Kirtan es una reunión donde se cantan canciones de oración sánscrita sobre muchos dioses y diosas diferentes. Curiosamente, "kirtan" significa básicamente "narrar o contar", mientras que "bhajan", el nombre del yogui que trajo el yoga kundalini a Occidente, significa "compartir" en un contexto similar a "kirtan", con especial énfasis en la canción. Estoy seguro de que esto no es completamente una coincidencia.

Haga cosas que lo hagan verdaderamente feliz

Recuerde cuando era un niño. Póngase en ese espacio mental y emocional. ¿Qué hacía para divertirse? ¿Qué le gustaba soñar cuando soñaba despierto? Vuelva a los recuerdos de antes de la pubertad. ¿Qué objetivos poco realistas y absolutamente fantásticos tenía? ¿Qué pensaba que querría ser, y puede recordar por qué se sentía así? Póngase en ese espacio. Recuerde lo que hacía para sentirse verdaderamente feliz. Ahora, piense en hoy. ¿Hay algo equivalente a eso que lo hacía tan feliz en su pasado que perdura hoy? ¿Todavía se esfuerza por cumplir esos objetivos y ser feliz de la misma manera? ¿O ha renunciado a esos sentimientos por varias razones? Ahora es el momento de pensar un poco. Incluso si ya usted no tiene esos sueños, piense en lo que significaron para usted. Piense en lo que realmente podrían haber querido decir en términos de su imagen más grande. Por ejemplo, las metas poco realistas de un niño de ser un trepador de árboles para una futura carrera podrían transformarse en su futuro, por lo que debe estar afuera a menudo. El objetivo en este caso es alinear su vida con esos sueños inocentes e irreales, sin embargo, es humanamente posible hacerlo. Conéctese con esa felicidad infantil profunda y duradera, y su kundalini seguramente responderá.

Practique decir "sí"

¡Especialmente para aquellos que tienen problemas para estar al tanto, esta práctica de decir "sí" con la mayor frecuencia posible puede hacer que sus kundalinis entren en acción! Si se relaciona con la afirmación anterior es probablemente porque intenta mantenerse demasiado apretado para controlar su vida, por lo que necesitará un poco de ayuda para el flujo. La razón más aplicable a la kundalini de que este podría ser el caso es que su chakra del plexo solar está bloqueado, desequilibrado o girando en la dirección incorrecta. A los lectores que necesitan escuchar esto: diga "sí" con más frecuencia, ¡se lo merece! Tómese un descanso y vaya con las experiencias y posibilidades que se le presentan, en lugar de a las que se aferra o atrae desesperadamente en su camino. ¡Suéltese! Diga "sí" y siga la corriente. La kundalini sabrá qué hacer.

Practique decir "no"

Al igual que en el último punto, pero decididamente diferente, algunas personas son demasiado sencillas y no pueden evitar quedar atrapadas en el flujo. En estos casos, el individuo puede sentir que sus mayores temores giran en torno a no poder decir "no" cuando realmente importa. Por lo tanto, la técnica para las personas que se relacionan con este mensaje sería practicar diciendo "no" en cualquier momento en que normalmente lo "rechacen", en aras de la adecuación de la frase. Si a la gente le gusta pasarle las responsabilidades, diga "no" como si no perdiera nada. Rechace citas para pasar la noche en casa. Deshágase de los encuentros para darse un poco de amor propio. Sin embargo, cada vez que diga "no", recuerde que está haciendo esto para recuperar fuerzas y mejorar su alma. No deje que el chakra del plexo solar permanezca desequilibrado, diga "no" y ese bloqueo comenzará a desaparecer.

Use la musicoterapia

Una técnica más aprobada por médicos para el despertar psicológico y conmovedor de cualquier tipo sería la musicoterapia, pero no quiero decir que tenga que reservar una cita con un médico hoy.

Simplemente quiero decir que usted puede encontrar música que respalde sus objetivos y escucharla tanto como sea posible. Busque artistas que apoyen sus causas y eche un vistazo a su música. Busque canciones que hablen de lo que usted quiere manifestar en su vida. Busque melodías que le recuerden a ser un niño. Puede dirigir su búsqueda de muchas maneras, e incluso puede encontrar álbumes completos de música de meditación despertando la kundalini en YouTube. Si no le gustan las palabras y las melodías de los demás, puede crear sus propias canciones para procesar cualquier cosa por la que usted esté pasando (lo que también podría estar bloqueando sus chakras) para tomar posesión de esta experiencia de musicoterapia y darle todo su respaldo corporal. Use la música como lo necesite, y si tiene destellos espontáneos de calor o frío, arrebatos emocionales o ráfagas de risa, sabrá que está en el camino correcto.

Use la terapia de sonido

De manera similar, puede intentar usar solo un tono a la vez para guiar su meditación si la actividad de la música lo distrae debido a lo sensible que usted es. Algunos de nosotros no podemos manejar la música cuando estamos meditando, es demasiado molesto para empezar. Algunos de nosotros no podemos manejar las palabras de ningún tipo que suceden cuando estamos meditando. Por supuesto, algunas personas no tienen estas luchas, pero otras no pueden escapar de ellas. Incluso las personas que no necesariamente tienen que simplificar, encuentran que la terapia con más sonido puede hacer maravillas increíbles. Como dije al principio de este punto, usted puede intentar usar solo un tono a la vez para aumentar su meditación o yoga. Puede cantar palabras en el tono del chakra en el que está trabajando, o simplemente puede decir "ohm" una y otra vez en el mismo tono. Incluso puede sacar su voz y tocar una nota repetida, ya sea a través de YouTube, un instrumento musical o de otra manera. Vea lo que estos tonos hacen por usted, ya que podría ser el truco.

Use la terapia del arte

En lugar de usar música o sonido, ¡tal vez el arte sea lo suyo! Usted siempre puede intentar ir a algunos museos de arte locales y simplemente pasear para ver si activa algo en usted. O puede buscar algo de arte en su teléfono o su computadora portátil para ver qué lo ayuda a sentirse inspirado nuevamente. De manera diferente, usted también puede volver a crear su propio arte. Sé que lo tiene, ¡no importa cuán profundamente lo haya enterrado! Además, solo porque la gente diga "arte" no significa que lo que usted hace debe ser bueno según sus estándares. Solo cree algo. Se alegrará de haberlo hecho, e incluso si no está contento y termina por odiarlo, hasta en el acto de destruir lo que ha hecho, es posible que encuentre alguna satisfacción interior que desencadena a nuestro amigable espíritu astuto, la kundalini.

Use la terapia de color

¿Recuerda de qué color realmente es? ¿Recuerda qué le enseñaron en la clase de ciencias cuando era joven acerca de cómo los colores son diferentes longitudes de onda de la luz que se rebotan en las cosas y son percibidas por nuestros limitados ojos humanos? ¿Recuerda usted todo eso? Si no, acéptelo porque casi puedo garantizar que nunca haya pensado en lo que realmente significa todo esto. Ciertos colores tendrán longitudes de onda y vibraciones que sanan las cosas dentro de nosotros, a veces incluso sin que lo sepamos. Cada chakra tiene un color, y su uso se supone que ayuda a limpiar o abrir ese chakra, pero ¿alguna vez pensó en las otras implicaciones? Claro, los colores se asocian con los chakras, pero también pueden afectarnos en términos de curación que es posible que no podamos percibir. Los colores tienen una capacidad de curación que es tan sutil e intrínseca en nuestra vida cotidiana que casi ni nos damos cuenta. Volver a estar en contacto con la energía sutil y la curación del color sin duda le ayudará a conectarse con su kundalini e instigar su ascenso.

Pase menos tiempo en las pantallas

Puede parecer básico e innecesario, pero aún necesita escucharlo: cuanto menos tiempo dedique a la tecnología, mejor. Especialmente a medida que comienza a abrirse y experimentar el despertar de la kundalini, usted se volverá muy sensible, incluso más de lo que normalmente es. Es como un círculo vicioso porque esa sensibilidad también tiene implicaciones graves para sus objetivos de despertar. Usted puede llegar a bajar su estado de ánimo inducido por las noticias o los medios sociales. Podría distraerse demasiado de su propósito superior al mäntenerse en las redes sociales todo el día. Es posible que esté demasiado saturado con las vibraciones de sus dispositivos tecnológicos y puede llegar a perderse en ese laberinto. La idea básica es la siguiente: cuanto menos dependa de la tecnología, obtendrá más vibración y más claro estará su enfoque. Usando menos tiempo la pantalla, más limpio estará.

Cambie sus canales de redes sociales

Sé que es difícil separarse completamente de las redes sociales. Es realmente muy difícil para algunos en comparación con otros, y es particularmente cierto para aquellas personas a las que les presento esta recomendación. En lugar de cortar por completo las redes sociales, lo desafío a completar estos pasos. Primero, elija solo una forma de medios sociales que pueda usar para obtener un poco de todo lo que pueda necesitar (es decir, información espiritual, contacto familiar, contacto con amigos, autoexpresión, impulso comunitario, impulso empresarial, etc.) y recorte todos los otros. En segundo lugar, en estas redes sociales, reduzca drásticamente sus publicaciones cada semana. En tercer lugar, cambie sus canales de redes sociales limpiando la lista de sus amigos, los hashtags que sigue y las páginas que desee. Recuerde que también puede atraer información espiritual a través de las redes sociales, solo tiene que trabajar en ello. Con estas tres acciones en marcha, ha dado algunos pasos poderosos en la dirección correcta, y si las cosas no cambian drásticamente para usted dentro de dos semanas, estaré extremadamente sorprendido.

Confíe en el universo, en la felicidad y en la sincronicidad

Al principio será difícil, especialmente si nunca antes ha practicado este tipo de confianza radical, pero tendrá que confiar un poco en el funcionamiento del mundo que lo rodea. Puede hacer mucho para curarse y crecer, y otros también pueden enseñarle mucho, pero el mundo y lo que es más grande pueden enseñarle más de lo que puede imaginar. Busque el término "felicidad". Luego busque el término "sincronicidad". Ahora, busque "serendipia". Comience a buscar estas experiencias en su vida, y seguramente aparecerán. Además, comience a llevar un diario de las sincronicidades que experimenta, y le garantizo que estará haciendo cambios concretos en la vida y aprenderá rápidamente a confiar en el universo. Cada señal es una lección y cada interacción, todo lo que ve, puede ser una señal. Abra los ojos y vuelva a aprender a confiar, y la kundalini sabrá qué hacer.

Preste mucha atención a su respiración

A medida que comience con la meditación y eventualmente llegue a incorporarla a su práctica diaria, comenzará a notar su respiración más que nunca. Notará cuando sostiene la respiración sin querer, cuando hiperventile o se altere, cuando se invita a respirar con calma, cuando tiene mayor capacidad de oler, y otras sensaciones. Con esta conciencia de respiración, su kundalini no puede evitar responder. Lo que puede hacer para ayudar a lo largo del proceso es tratar de meditar diariamente, y cuando medite, respire profundamente en su vientre. Además, si puede visualizar algo, trate de visualizar que cada respiración acaricia la espalda de una pequeña serpiente que duerme en la boca del estómago. Imagine que el aliento se encuentra con la serpiente como si estuviera acariciando a un gato que se acurrucó en la ventana. Con esta atención cada vez más estrecha en su respiración, su salud mejorará y solo estará más y más alineado con el despertar.

Preste atención a su postura

Si visualiza el camino que seguirá la serpiente kundalini, puede ver que (si está de pie o sentado derecho) sube desde el chakra de la raíz hasta el sacro, el plexo solar, el corazón, la garganta, el tercer ojo y, finalmente, la corona antes de volver a bajar y repetir su flujo como puede. Ahora, imagine lo que sucede con el flujo cuando se agacha y se enrolla en la posición fetal. La línea del chakra al chakra se convierte en una curva casi como un semicírculo. En este caso, el camino de la serpiente es menos predecible y más difícil en general. Usted puede ayudar a la kundalini, en este caso, observando su postura tanto como sea posible. Trate de sentarse y erguirse derecho siempre que sea posible. ¡No haga crujir su chakra del plexo solar y no se meta en el chakra de la raíz si puede evitarlo! Además, si tiene problemas con la postura recta, piense en qué chakra podría bloquearlo y limitarse. Piense en qué trauma podría interponerse en su camino. Independientemente de lo que aprenda, su postura puede enseñarle mucho en su camino hacia el despertar de la kundalini.

Intente aprovechar el "canal de chakra"

En su meditación diaria, pruebe esta técnica específicamente. Puede mejorar la técnica con la visualización, pero no es necesario, ya que puede ser igual de eficaz si solo imagina lo que está sucediendo, recuerde sus metas y deje que su cuerpo haga el resto. Esencialmente, cerrará los ojos con la meditación y comenzará a enfocar su energía en el chakra de la raíz. Respire en su vientre y sienta el chakra de la raíz hasta que pueda sentir una vibración ahí. Luego, comience a cantar su mantra o simplemente cante "ohm" una y otra vez. Con cada repetición, sienta la vibración del siguiente chakra superior a medida que la energía de la raíz se mueve hacia el sacro, el plexo solar, el corazón, la garganta, el tercer ojo y, finalmente, la corona. Una vez que llegue a la corona, todo el canal del chakra en su interior debería estar vibrando con energía, y su kundalini seguramente verá este espacio abierto y despejado como si fuera un área de juego potencial que explorar.

Practique viendo la prueba de la divinidad en todo

En lugar de encerrarse, enojarse con todo o apagarse cuando se enoje, trate de cambiar la forma en que mira al mundo. Usted puede tratar de recordar que incluso cuando las cosas se ponen intensas, es solo un momento en que la divinidad ha decidido probarlo, brindándole una experiencia para que se vuelva más fuerte si se conecta de manera correcta y adecuada. Puede ver fácilmente los buenos tiempos como prueba de divinidad, y los signos positivos son los mismos. Sin embargo, los tiempos malos y los tiempos negativos son más difíciles, y ese es el verdadero desafío. Con la práctica, usted podrá ver la prueba de la divinidad en cada experiencia, desafío, ventaja, situación e intercambio, y espero que le brinde alegría e inspiración duradera. Sé que, al menos, hará mucho por su kundalini (siempre y cuando sus sentimientos y conexiones con la divinidad no sean obligados solo para llegar al despertar).

Conéctese con sus guías espirituales

Ya sea que sus guías espirituales sean personas reales, vivas o muertas, que hayan sido santificadas o que hayan inventado cosas increíbles, o que sus guías espirituales sean sus ancestros u otros espíritus literales, puede intentar ponerse en contacto con ellos (espiritual o literalmente) para obtener ayuda en relación con su despertar kundalini. Pedir ayuda nunca es algo de lo que avergonzarse, especialmente cuando se trata de algo tan complejo y que altera la vida como el despertar de la kundalini. Pida consejo a sus guías. Hágales saber la situación en la que se encuentra y qué espera. Hágales saber lo que está haciendo y en qué está trabajando. Si aún no sabe quiénes son sus guías espirituales, es hora de investigar un poco y comenzar a conectarse. Piense en la religión con la que se asocia más y mire a los "santos" de esa religión. Piense en la antigua religión que ama y sus mitos y dioses o diosas. Investigue un poco en el mundo de la espiritualidad para ver si surgirán sus guías, y cuando lo hagan, sabrá a quién debe dirigir estas importantes preguntas basadas en consejos.

Utilice cristales curativos

Mientras usted trabaja a través de pequeños bloqueos y flujos de energía físicos, los pequeños ayudantes físicos pueden hacer que la transición hacia el despertar sea más fácil. Tomemos los cristales, por ejemplo. Estos minerales terrestres, ya sean crudos o pulidos, contienen cada uno una esencia de vibración y vida. Cuando usted mantiene estas vibraciones a su alrededor (especialmente si carece de esas vibraciones en particular), pueden impartirle capacidades de curación a través del contacto directo con la piedra. Sostenga un cristal de curación en su mano, y puede encontrarse con una mayor capacidad de paciencia, amor, devoción, confianza o de otra manera. Para el despertar de la kundalini, también, este potencial de curación de cristales es grande. Los cristales de diferentes colores se conectan a los chakras, y algunos incluso tienen la capacidad única de alinear y limpiar los 7 chakras a la vez. Si necesita un refuerzo para su proceso, le recomiendo que siga la ruta de la curación con cristales. Es fácil, es divertido y puede tener efectos casi instantáneos.

Practique actos de bondad al azar o de favores

Para que su vibración esté en línea con lo que la kundalini pueda trabajar, usted puede intentar hacer favores lo más desinteresadamente posible. Practique actos de amabilidad al azar y haga favores siempre que pueda. Vea lo que ha regresado y lo que no. Mire lo que regresa incluso después de que lo envíe. Al trabajar con este espíritu de compasión y enviar energía al mundo como un boomerang que espera que regrese de alguna manera, la kundalini (y la shakti que le da vida) tomará nota. Muy pronto, estas prácticas pueden convertirse en una segunda naturaleza, o incluso pueden manifestar recompensas materiales para usted cada vez más cerca del momento de su acción inicial. Comience enviando toda la generosidad y la abnegación que pueda al universo y luego espere a ver qué le devuelve. Si todo lo que devuelve es perspicacia y conocimiento, ¡asegúrese de sentirse agradecido por eso! No tiene que ser nada en absoluto. Trabajar con estas prácticas puede ser difícil, ya que intentará vivir sin apegos y expectativas difíciles, pero solo será difícil si es una lección que necesita aprender.

Medite para abrir, limpiar y alinear los chakras primero

Puede sonar simple, pero siempre puede comenzar el día con una meditación de chakra para abrir, limpiar y alinear todo lo que pueda. Especialmente, si está bien practicado con la meditación y se siente cómodo limpiando sus chakras, esta técnica puede aumentarlo a usted exponencialmente. A partir de ahora, intente comenzar el día con una ducha y un chakra de limpieza. A medida que el agua lo golpea, visualice que los bloqueos fluyan de cada chakra, bajen hasta sus pies y salgan al agua por el desagüe. Visualice su paz interior y su integridad después de completar esta limpieza e imagine que sus chakras se alinean mejor cada vez que se baña. Al comenzar el día de esta manera, la kundalini tendrá un mejor movimiento durante el resto de su tiempo de vigilia y su despertar se verá afectado de manera drástica.

Practique la paciencia activa y el perdón

A veces, lo que nos impide despertar es el rencor al que más nos aferramos. Si bien puede ser cierto que guardar rencor puede recordar a algunas personas su poder y su potencial para determinar su realidad, los rencores (la mayoría de las veces) son espiritualmente tóxicos. La mayoría de las veces se correlacionan con los bloqueos del chakra del corazón, y pueden corregirse mediante expresiones activas y radicales de amor, paciencia y perdón. La próxima vez que se enfrente con sus rencores o con las personas relacionadas, trate de ser mejor persona. Sin embargo, no solo piense en las cosas de esa manera, y realmente viva esa vida de "mejor persona" sin el juicio de ser realmente "mejor" o pensar que usted lo es. Rechace el rencor. Rechace la ira, los celos, el miedo, la frustración y la irritación. Como pueda, solo exprese amor, perdón y aceptación a pesar de su dureza, y al rodar con esos golpes, crecerá emocional y espiritualmente.

Practique el sexo tántrico con su pareja

Si bien el despertar de la kundalini no trata solo del sexo, algunas prácticas sexuales son increíblemente útiles para potenciar el despertar de su kundalini y aumentar su shakti. El sexo tántrico, en particular, es una de las prácticas sexuales más saludables y productivas relacionadas con el despertar de la kundalini. Durante el sexo tántrico con su pareja, ambos intentarán diferentes posiciones juntos y se dedicarán a la mayoría de las acciones que normalmente usted haría, sin embargo, el objetivo del orgasmo será un poco diferente. El sexo tántrico consiste en mantener posiciones sexuales y mantener o redirigir el orgasmo, llevando la resistencia a sus límites, para usar términos muy occidentales al respecto. Entrará y mantendrá estas posiciones, acumulando energía entre los dos y enviando esa energía a sus chakras en lugar de a la otra, por así decirlo. Su kundalini está directamente involucrada cuando ocurren acciones de este tipo, por lo que su despertar probablemente esté muy estrechamente relacionado con esta antigua práctica sexual.

Pruebe el orgasmo de una manera diferente

Si experimenta un orgasmo frecuente pero aún no entiende o no desea practicar el sexo tántrico, puede intentar enfocar su orgasmo en una parte diferente de su cuerpo para instigar el despertar. Al igual que con la pareja que practica el sexo tántrico y llega al orgasmo, tratará de concentrar su energía orgásmica hacia arriba, a través de sus chakras sucesivamente hacia su corona, en lugar de hacia abajo y hacia afuera a través de su base. Esta energía creativa siempre se pierde en su cuerpo durante el orgasmo cuando empuja esa energía hacia abajo desde el chakra de la raíz, pero si usted mantiene algo de esa energía para sí mismo redirigiéndola hacia arriba, invitará a la serpiente a moverse junto a usted.

6 prácticas adicionales que pueden ayudar

Además de esos 29 potenciadores de kundalini, se pueden agregar 6 o más prácticas intensivas a su rutina diaria para su beneficio. Desde el ejercicio físico hasta el cambio en la dieta y otros modos de curación de energía sutil, los métodos en esta sección son entradas que se aplican a su despertar para fortalecer, profundizar e intensificar la experiencia tal como está. Ahora todo depende de con qué se sienta cómodo y de lo que esté dispuesto a atraer a su vida.

Empiece a correr

Una cosa que usted puede hacer es comenzar a correr si es físicamente capaz de hacerlo. Correr es ideal para sus pulmones, su corazón, sus huesos, su postura y más cosas. Espiritualmente, correr puede conectarlo con el potencial que tiene para liberarse de la restricción (hasta cierto punto) y para crear su propia realidad. Cuando usted practica correr y las cosas se sienten bien, tiene la sensación de que es libre de ir a cualquier parte a donde sus pies puedan llevarlo. Este sentimiento me provoca pura alegría y me ayuda a resolver los sentimientos de estar atrapado en el sistema de otras maneras. Para otros, también, correr puede proporcionar esos sentimientos que ansían desesperadamente mientras aumentan las fortalezas y potenciales de sus cuerpos. A través de la práctica de correr, usted debe enfocar su atención en volverse fuerte, ganar resistencia y aumentar la alineación de su cuerpo. Si encuentra que lucha con cualquiera de estos tres puntos a pesar de su cambio a la carrera, es posible que desee eliminarlo de su rutina. El objetivo aquí es promover la salud general, y si está agregando un estrés excesivo a sus días, a la larga no vale la pena. En lugar de correr, estas personas están invitadas a probar ciclismo, andar en senderos, caminatas en carretera, patinar sobre ruedas o cualquier otro método menos intensivo para salir y hacer ejercicio físico.

Cambie su dieta

Puede ocurrir que su dieta le impida seguir adelante con el despertar. ¿Qué vibración contienen los alimentos que está comiendo? ¿Alguna vez ha pensado en revisarlos? Claro, ha pensado en calorías, grasas, carbohidratos y proteínas, pero ¿ha pensado en la vibración real de la comida? Si usted intenta despertar la fuente de energía sutil pero universal dentro de usted, necesitará un alimento vibrante y poderoso. Si se encuentra con dificultades para despertarse que no se están resolviendo o que siente que no lo están conduciendo a ninguna parte, intente cambiar su dieta. Cambie los alimentos procesados por alimentos integrales. Cambie las carnes por frutas y verduras. Una vez que usted empiece a comer mejores alimentos y a tomar mejores cosas, sus células se repondrán con los nutrientes de estas sustancias más saludables, ¡lo que lo llevará a tener una expresión mejor y más saludable de su persona! Puede sonar exagerado, pero la comida tiene energía al igual que los cristales y las hierbas, incluso más. Cuando usted come esa comida, toma su energía, y si come muerte constantemente, tendrá una vibración estancada. Eleve su vibración a través de su comida, y la kundalini se montará en esas olas llenas de shakti que lo llevarán directamente hacia el despertar.

Pase tiempo con la naturaleza y medite allí

¡No olvide la importancia de salir afuera al comenzar esta práctica capaz de cambiarle la vida! Habrá momentos en los que se sienta deprimido cuando pierda lo que no le sirve. Habrá momentos en que se sienta tan lleno de energía que podría estallar. Habrá momentos en los que sienta que ha estado caminando en círculos cegado y apenas ahora se da cuenta de lo que está pasando. El despertar de la kundalini es un momento extraño y desconcertante, y tener una rutina sólida para la conexión a tierra puede ser de gran ayuda. A lo largo de su proceso, nunca olvide el valor de entrar en la naturaleza. La naturaleza es una reserva infinita de sutiles energías curativas físicas. También es una gran cantidad de signos que pueden ayudarlo a comunicarse con sus guías, su yo superior y su intuición. El ambiente físico está vivo bajo nuestros pies, y puede enseñarnos más sobre nosotros mismos (y nuestro potencial como humanos) de lo que nos gustaría enfrentar, pero sus lecciones son muy necesarias para escuchar y aprender. No importa qué estación es para usted o dónde viva (ciudad o no), ¡salga a la calle! ¡Vístase apropiadamente y salga a conquistar cada estación! Medite en la naturaleza siempre que sea posible y deje que el simbolismo visual de estos hermosos espacios lo guíen a usted y a su kundalini a través de cualquier trabajo difícil que esté por venir.

Viva una vida de servicio o intente ser voluntario

¿Realmente está usted viviendo desde el corazón? ¿O está viviendo con la cabeza o con las tripas? ¿Tal vez está viviendo en base a su ingle? Mientras usted trabaja a través de los bloqueos de sus chakras en el despertar de la kundalini, se verá obligado a encontrarse consigo mismo muchas, muchas veces. Verá cómo su autoexpresión se ha alineado (y no se ha alineado) con su crecimiento general, y comenzará a notar los patrones en sus comportamientos y rasgos de personalidad. Eventualmente, incluso se le puede hacer enfrentar sus insuficiencias en términos de amor, expresión personal, autocontrol, creatividad, supervivencia, espiritualidad, psíquica y más. Sin embargo, la insuficiencia más intensa de enfrentar (especialmente para aquellos involucrados con el despertar de la kundalini), es la incapacidad de amar de manera pura y desinteresada. Para aquellos que luchan con este bloqueo de chakra del corazón, "fingirlo hasta lograrlo" probablemente no funcionará. Necesitará un ancla física para que este amor se conecte, de lo contrario, nunca lo sentirá de manera genuina. En ese caso, podría intentar ser voluntario o cambiar su trabajo momentáneamente para trabajar al servicio de los demás. Al ponerse en una situación de servicio en el lugar de trabajo, será evaluado y sus habilidades para amar a los demás se fortalecerán en cada respiración. Puede ser que sus experiencias sean totalmente positivas, pero puede que no. Anímese, porque esas experiencias duras son los mejores maestros. Con el tiempo, notará cómo su corazón es como una flor que florece con cada nueva interacción. Usted conocerá el despertar de su kundalini cuando lo que solía causarle la irritación más amarga ahora no evoca más que amor.

Mejore su práctica con otras técnicas sutiles de curación de energía

Si bien el despertar de la kundalini lo conecta claramente con reinos de energía sutil en su vida, también puede ser tremendamente estimulado por la presencia de otras modalidades sutiles de curación de energía, aparte de usar cristales de curación o estar cerca de la naturaleza física. Incluso, por supuesto, una vez que llegue a conocer más y más sobre las sutiles modalidades de sanación de la energía, puede comenzar a vincularlas y combinarlas en general como mejor le parezca. El punto es este: a medida que usted trabaja a través de lo que lo ayuda y lo que no, se dará cuenta de que su intuición (también conocida como su conexión con su ser superior, entre otras formas) es más fuerte y útil que casi cualquier otra cosa, atraerá hacia usted la curación que necesita, incluso si solo se ve como un masaje o una planta o una pequeña píldora que se disuelve debajo de su lengua. En ese caso, su práctica de despertar la kundalini (o cualquier despertar o ascensión, en general) siempre debe ser impulsada por la aplicación de otras modalidades energéticas sutiles, según lo considere conveniente. Algunas opciones son las siguientes.

Primero, usted puede intentar usar **Esencias florales** como una modalidad de curación de energía sutil que apoya su despertar de la kundalini. Las esencias florales se basan en la vibración extraída de un tipo de flor a la vez. Básicamente, usted puede tomar (o compra el producto creado por) algunos brotes de una flor en particular y ponerlos en un recipiente transparente con agua. Luego, coloque el tazón a la luz del sol durante 12 horas, ya sea de una vez o con el tiempo, según el sol. Después de ese punto, retire los capullos de las flores y embotelle el agua con una o dos gotas de brandy como conservante en cada botella. ¡Voila, ya tiene esencias florales!

Ahora, comienza la diversión. Así como cada persona, cada color y cada cristal tiene su propia vibración, también lo hace cada flor. Cuando la esencia de la flor se "extrae", hasta cierto punto, en la esencia de la flor, entonces puede tomar el remedio oralmente (unas pocas gotas de su líquido varias veces al día) y trabajar para curar ciertas dolencias que están unidas al aura de la persona o a una expresión energética. Las esencias florales también pueden disolver los bloqueos de chakra, sin que se dé cuenta de que es lo que están haciendo. Busque esencias florales, porque lo prometo, se sorprenderá del potencial.

En segundo lugar, usted puede buscar **la curación de reiki** para eliminar los bloqueos de sus chakras y ayudar a la kundalini. La curación con reiki es un método tradicional japonés de trabajo energético que elimina la obstrucción y el bloqueo dentro del individuo (emocional, espiritual, intelectual o de otro tipo) a través de la percepción aplicada y el poder potencial del practicante. Si bien la curación de reiki a menudo se combina con el masaje, no tiene que ser así, ya que se trata del potencial que tiene el practicante para disolver los bloqueos de energía en el individuo desde lejos, mediante la aplicación de los métodos energéticos correctos. Los curanderos de Reiki ni siquiera necesariamente tienen que estar a su lado para curarlo a través de sus métodos. Al conectar su propia kundalini con la shakti, con sus guías espirituales y con la tierra, estos individuos pueden recibir una guía que abre sus chakras desde los estados alejados, allanando el camino para que la serpiente fluya dentro de usted. ¡Solo asegúrese de saber en qué se está metiendo antes de su primera sesión!

En tercer lugar, generalmente se pueden recibir **masajes** que ayudan en la liberación del bloqueo. Con o sin la adición de reiki, los masajes siguen siendo una cosa increíble. Se sienten increíbles (especialmente cuando los realiza alguien en quien usted confía), pero van más allá que hacer que su piel y sus músculos se sientan bien. Los masajes también pueden ayudarlo a ser más consciente de cualquier bloqueo que pueda tener (es decir, a través de donde se siente bien ser tocado y donde no, a través de los lugares donde la masajista tiende a persistir, a través de los dolores que no se dio cuenta de que tenía, y más) a medida que trabaja a través de la apertura del chakra y el proceso de limpieza, dando paso a la kundalini. Si no se siente cómodo con el masaje, trate de obtener una manicura o una pedicura (¡incluso si es hombre! ¡Sea valiente, programe la cita y supérela!). El manicurista o pedicurista dará un masaje absoluto en sus manos o pies, respectivamente, y ese masaje más pequeño y enfocado, a través de la reflexología, afectará su conciencia corporal general (y el potencial del despertar de la kundalini) también. De hecho, cualquier reflexología, acupuntura o acupresión sería igualmente útil en esta medida.

Cuarto, todavía usted puede buscar **terapia** si se siente cómodo haciéndolo. Si bien no ayuda a todas las personas, hablar de las cosas puede ser de gran ayuda para algunos. La terapia tampoco tiene que tratarse completamente de hablar. Recuerde lo que se mencionó anteriormente en este capítulo, la terapia también puede basarse en el arte, el color, el sonido y la música. Si usted cree que necesita trabajar en algo más grande de lo que su interior puede manejar, no se avergüence. Pasar a la terapia puede potencialmente salvar su vida. Puede ser desalentador saber por dónde empezar o cómo hacer el primer movimiento. Pruebe primero el arte o la musicoterapia si puede. Si no puede pagar un médico personal, cree sus propias terapias. Haga lo que necesite para eliminar la toxicidad y neutralizarla de alguna manera, y si eso significa que va a un "psiquiatra" a hablar de nuevo, hágalo. La kundalini (y su ser superior) se lo agradecerán.

Quinto, usted podría intentar usar **aceites esenciales** o **curaciones a base de hierbas** para poner las cosas en marcha. Estas sugerencias se correlacionan a través de su dependencia de las esencias vibratorias de las plantas y las hierbas. A través de los aceites esenciales, la vibración es extraída y contenida en los vehículos petroleros, mientras que las hierbas también podrían convertirse en esencias de "flores". Sin embargo, a través de la curación a base de hierbas, en su conjunto, las hierbas son simplemente apreciadas por las energías sutiles que contienen y la curación que pueden impartir. Los aceites esenciales pueden variar en la rareza y la disponibilidad, pero las hierbas a veces se pueden extraer de su propio patio trasero. Sin embargo, si tiene prisa estos días, siempre puede comprar en línea. Asegúrese de comprar aceites esenciales que estén perfectamente en línea con sus objetivos, pero también puede hacer cosas ritualistas y de baja tecnología. Si prefiere probar el método de baja tecnología en persona, salga a la naturaleza usted mismo y busque plantas con una guía. Si lo atrae una planta sin saber qué es, búsquela y tome nota. Es posible que sus guías (o su intuición) lo hayan guiado a la cura ideal durante tanto tiempo sin que usted lo sepa. Ya sea que use el aceite esencial, la planta comprada o la hierba forrajera, la kundalini se lo agradecerá y responderá con amabilidad.

Sexto, podría intentar descalcificar su glándula pineal y reprogramar su energía a través de la **observación del sol**. Mirar al sol requiere que esté presente para el amanecer y el atardecer de cada día. La esencia es la siguiente: se para descalzo en los rayos del sol a medida que sale y se pone, mirando hacia el sol, empapándose de su energía vivificante y aprendiendo a sentir todo su potencial. Luego, vincula esta práctica con el ayuno intermitente o espontáneo para obtener toda la experiencia de sentirse conectado a la tierra de formas completamente nuevas. La observación del sol supuestamente tiene beneficios antienvejecimiento, contra el hambre y contra la enfermedad que son casi incomparables con la medicina moderna, y puede creer que la observación del sol también afectará el movimiento de la kundalini. Despierte con el sol y respire profundamente sus rayos. Si no siente que la kundalini despierta algo de shakti después de solo una semana, estaré completamente asombrado.

Séptimo y último, usted podría probar **remedios homeopáticos** para solucionar qué está causando esos bloqueos del chakra dentro de usted en primer lugar. Mientras que la medicina moderna y las curas farmacéuticas operan a partir de los principios de la curación alopática (cosas diferentes a la del problema curan el problema), las curas energéticas sutiles nos llevan a investigar la práctica más antigua de la homeopatía (curas similares). La homeopatía a veces adquiere una mala reputación, pero vale mucho más el esfuerzo de lo que uno podría imaginar. Los remedios homeopáticos se construyen a partir de las esencias vibracionales de las plantas, los minerales y los animales hasta el punto de mitigar las circunstancias o enfermedades debilitantes. En lugar de suponer, como lo hace la medicina moderna, que solo puede curar algo administrando una cura diseñada por separado, la homeopatía asume que los venenos (en dosis muy pequeñas) en realidad pueden curar enfermedades mayores. Vale la pena escribir un libro completo sobre el tema, pero por ahora, será suficiente decir que usted debería estudiar la homeopatía si está intrigado por este punto. Podría ser que el desencadenante de su despertar de la kundalini sea una pequeña píldora de homeopatía que dejará que se disuelva debajo de su lengua, y lo mejor es que si toma una cura homeopática que su cuerpo no necesita, no le hará nada. Esencialmente, estos maravillosos remedios energéticos sutiles solo funcionan si los necesita. ¿A que está esperando? ¡Nunca sabrá lo bien que pueden funcionar estos remedios hasta que realice la investigación y los pruebe usted mismo!

Tome una clase de baile

En la línea del primer punto de esta sección, puede intentar tomar una clase de baile en lugar de correr. Esta decisión sería mucho más fácil para las rodillas, los pulmones y los músculos en general, pero igual podría valer la pena, o incluso más que eso. Solo depende de su experiencia, sus chakras y sus metas con el despertar de la kundalini. En general, las clases de baile permiten ejercicios físicos alineados con sus objetivos mentales y meditativos, pero también brindan una salida para la expresión creativa que probablemente no esté presente para aquellos que simplemente eligen correr, hacer ejercicio o asistir a clases de yoga kundalini. Por lo tanto, asistir a la clase de baile funcionaría increíblemente bien para las personas que trabajan a través de los bloqueos del chakra inferiores (especialmente los bloqueos en la región sacra). Al conectarse con la música, el ritmo, el movimiento, la pasión, el éxtasis, la dicha y la inspiración, las personas que eligen el método de la clase de baile encontrarán la liberación en los chakras sacros y de la raíz. Algunas personas necesitan esta versión específica más que otras. Si usted está atrapado con sus chakras de la raíz, sacro o plexo solar, no elija solo correr como su modo de liberación de ejercicio (de todos modos, eso es mejor para los chakra de la corona, el tercer ojo y la garganta). ¡En su lugar, únase a un estudio de baile y tome una clase semanal! Ya sea danza chamánica, danza moderna, hip hop, ballet o cualquier otro, solo hacer que su cuerpo se mueva inspirará a la kundalini, y cada paso rítmicamente planeado que usted tome solo servirá para alinear su vida más con su potencial más grande y creativo.

Capítulo 4: Solución de problemas con su despertar

Si bien hay muchos signos positivos y cosas que pueden ir bien, por lo que está bien con el despertar de la kundalini, también sucede que, a veces, no funciona como uno pensaría. A veces, no parece que esté funcionando en absoluto. En esos tiempos, este capítulo está aquí para ayudar. Resolveremos tres temas diferentes que podrían estar afectando su proceso. Primero, consideraremos lo que podría estarlo frenando. En segundo lugar, analizaremos los peligros y riesgos potenciales que podrían estar interfiriendo con su proceso. En tercer y último lugar, examinaremos los errores más comunes que cometen las personas en su proceso de despertar, junto con la forma en que usted puede evitarlos de manera experta. Al final de este capítulo, debería haber encontrado su error personal y debería poder corregirlo en poco tiempo.

12 cosas que podrían estar frenando su avance

Hay tantas cosas que podrían paralizarlo en su viaje. Desde las luchas emocionales a las físicas o ir demasiado rápido o demasiado lento, hay varias formas de hacerlo accidentalmente, pero esta sección le ayudará al menos a abrir los ojos y darse cuenta de lo que puede hacer para ayudar.

Retos físicos

La simple verdad del asunto es que a veces nuestros cuerpos todavía no están listos para el despertar de la kundalini. En algunos casos, se debe a un trastorno autoinmune. A veces, es causado por la falta de capacidad en una cierta parte del cuerpo. A veces, aun así, es causado por la incapacidad para practicar la meditación debido a la gran ansiedad diaria. Independientemente de los desafíos físicos que se interpongan en su camino, usted no es un fracaso. Llegará a un punto en su recuperación en el que podrá manejar el despertar de la kundalini por encima de todo lo demás, pero ahora mismo puede que no sea ese momento, y eso está bien. Apresurar el despertar de la kundalini puede ser perjudicial a veces, y siempre es mejor tomarlo a un ritmo que parezca natural y no estresante para su experiencia y necesidades.

Experimentar cosas con demasiada intensidad o demasiado rápido

A veces, los chakras no están tan bloqueados, y son relativamente fáciles de abrir, limpiar y alinear. Para las personas que tienen esta experiencia, el proceso de despertar de la kundalini puede suceder mucho más rápido de lo que lo haría para el individuo estándar y altamente bloqueado. Si este es su caso, es probable que usted tenga una experiencia increíblemente intensa desde el principio, e incluso podría ser demasiado intensa debido a la velocidad de la transición. Si no apresura las cosas y aún avanzan de manera intensa y más rápida de lo previsto, trate de meditar cada dos días. Intente dar un paso atrás en su proceso y permita que se calme, haga sus ajustes para anticipar lo que puede manejar. También puede beneficiarse enormemente de tener un guía o gurú. A algunas personas no les va bien con este tipo de relaciones en la curación y el despertar, pero debido a que usted es tan sensible, un maestro o un mentor, incluso solo un colaborador que escuche, puede ser lo que necesita.

La dieta no apoya el despertar

Puede parecer extraño para algunos (y estaría dispuesto a apostar que este grupo de "algunas" personas está compuesto principalmente de comedores de carne), pero a veces, su dieta se interpondrá en su despertar. Decir eso no significa que deba seguir adelante y eliminar la carne o los productos lácteos o el gluten o el azúcar. Más bien significa que puede ayudar a su proceso de despertar si realiza algunos ajustes leves. Puede comenzar por comer menos alimentos procesados y más frutas y verduras. Si es difícil para usted comenzar, intente empezar comiendo una carne menos cada semana. Simplemente comience poco a poco y vea cómo se siente y observe cómo reacciona su cuerpo. Si se evoca una respuesta positiva, haga cambios adicionales de acuerdo a los resultados.

Se está concentrando en la parte del cuerpo equivocada

Algunos problemas con el despertar de la kundalini están arraigados en las habilidades del individuo para concentrarse, y estos problemas se ajustan fácilmente con un cambio de hacia dónde se dirige la atención cuando medita. Por ejemplo, especialmente si concentra su energía en su cabeza (o en su tercer ojo) cuando cierra los ojos para meditar (lo que hace la mayoría de la gente), ha encontrado su problema exactamente ahí. Para instigar el despertar de la kundalini, usted debe *comenzar* enfocando su energía en su corazón, vientre y tripa. La kundalini necesita un entorno saludable en el que crecer, y si está enviando toda esa atención saludable a su tercer ojo, ha saltado mucho más allá del espacio intestinal con el que se encuentra la kundalini en primer lugar. Piense en cómo se moverá la kundalini y prepara su cuerpo en consecuencia. En esencia, durante sus meditaciones, respire profundamente en su estómago por un tiempo y observe qué cambios le deparan a usted.

Su mentalidad ignora el cuerpo o viceversa

Basado en el origen del despertar de la kundalini, en la actualidad, con Yogi Bhajan y su práctica de yoga kundalini, tiene sentido que su práctica de despertar no pueda ser mental para tener éxito. Debe ser equilibrado con los esfuerzos físicos, ya que puede completarlos. La conexión con el yoga es importante aquí, ya que la práctica puede hacer mucho para ayudar al despertar de su kundalini. Principalmente, el yoga kundalini ayuda especialmente a limpiar los bloqueos en los chakras a través del movimiento y la respiración enfocada en el cuerpo. De la misma manera, uno no puede instigar el despertar completo de la kundalini a través de la práctica del yoga. Tiene que haber un equilibrio entre los enfoques basados en la mente y en el cuerpo en su intento general. De lo contrario, continuará en este estado de desequilibrio interno.

Estado de ánimo pobre o sin apoyo

Hasta cierto punto, el despertar de la kundalini puede ayudar a reajustar el estado de ánimo y los desequilibrios emocionales, pero uno tiene que llegar a ese punto primero. Podría ser que ese estado de ánimo elevado y los desequilibrios emocionales sean los que le impiden tomar una dirección clara en sus esperanzas de despertar. ¡Revise su mentalidad! ¡Revise sus estados de ánimo más comunes! Si hay alguna forma en que pueda comenzar a ajustar esas mentalidades y estados de ánimo, seguro verá rápidamente una diferencia en su práctica de kundalini. Puede sonar complicado, agresivo o difícil ahora, pero si de alguna manera puede superar los estados de ánimo y las emociones agotadoras, verá cómo aumenta su kundalini.

Necesidad abrumadora de control

Es cierto que los despertares de la kundalini más puros ocurren sin ningún esfuerzo por parte del individuo, pero no todos los despertares pueden suceder así. Sin embargo, hay muchas distracciones que bloquean lo divino que están básicamente en todas partes en estos días. En última instancia, no debe haber ningún *forzamiento, empuje o control* basado en el ego involucrado en el despertar. Pero todo este libro sigue ayudando a su lector a través de técnicas y consejos para apoyarlo en su despertar autoguiado, por lo que realmente se reduce a encontrar un equilibrio. Si está luchando con el proceso, intente establecer un mejor equilibrio entre la auto-orientación y tratar de hacer demasiado muy rápido, y luego vea qué sucede.

Trauma pasado o trastorno de estrés postraumático es un bloqueo demasiado fuerte

A veces, los traumas que atestiguamos en el pasado (o que actualmente estamos sobreviviendo) crean bloqueos para nosotros que están tan arraigados y se propagan de forma tan ubicua a través de nuestros chakras que nos volvemos incapaces de guiarnos a través de nuestros propios despertares. Eso no es algo bueno o malo, es simplemente un hecho de la vida. Si siente que este sentimiento se aplica a usted, no se desanime con el despertar de la kundalini, porque hay una esperanza increíble y que le puede cambiar la vida. Solo significa que es posible que primero tenga que resolver sus traumas por separado. Según lo que haya experimentado, puede ser de ayuda hablar con alguien sobre esa experiencia, ya sea un amigo, compañero, tutor (en este plano u otro) o un terapeuta. Use la terapia artística o la musicoterapia si prefiere no interactuar con otra persona, prefiere no compartir su trauma con otra persona o siente que no tiene a nadie más con quien compartirla. ¡Saque eso desagradable de usted de la manera que sea! Intente ser creativo o comunicativo al respecto, y su kundalini comenzará a aumentar en poco tiempo.

La falta de voluntad para enfrentar nuestra verdadera naturaleza

El despertar puede ser un proceso difícil a veces. No siempre son signos positivos y buenos sentimientos y felicidad. A veces, tendrá que hacer frente a sus defectos y la tarea será esta: cambiarlos o no sufrir más movimientos de la kundalini. Es una situación difícil, pero definitivamente significa que algunas personas se tambalean en el proceso de despertar debido a estas comprobaciones de la realidad basadas en el yo. Además, a medida que la kundalini se eleva inicialmente a través de la garganta, el tercer ojo y los chakras de la corona (antes de que comience a fluir libremente a través de todos los chakras abiertos), el individuo se dará cuenta cada vez más de cuán lleno de divinidad está. Para algunos, esta conciencia es aterradora o demasiado con lo que lidiar. Algunos simplemente no están dispuestos a abrazar este potencial. Para salir de esta situación, si usted descubre que está siendo retenido de manera similar, lo que puede hacer es practicar una apertura y aceptación radical de sí mismo, la divinidad y otros.

No hay comunidad de apoyo

Si alguna vez usted ha escuchado a alguien decir que el despertar de la kundalini le quitará a sus amigos y familiares, es probable que haya interactuado con alguien que intentó hablar sobre su despertar con las personas más cercanas a él o ella, pero la comunidad no pudo hacerlo. No apoyaría esos esfuerzos. Este rechazo al despertar no siempre ocurre, e incluso si le sucede a usted en relación con sus amigos o familiares más cercanos, ¡no se deje engañar demasiado todavía! Hay algunas cosas que puede hacer en este caso: (1) Deje que la kundalini despierte fuera de ella donde están involucradas estas personas porque (2) a medida que continúa en su viaje de despertar, sus poderes de atracción serán más fuertes que nunca. Con la combinación correcta de esperanza y enfoque, seguramente atraerá a la comunidad de apoyo adecuada en un instante; (3) también puede seguir intentando con esos amigos y familiares, solo con tácticas diferentes la próxima vez; (4) incluso podría descartar por completo la idea de una comunidad de apoyo y construirla usted mismo con información. Hay una gran cantidad de aplicaciones que usted puede descargar que le ayudarán a mejorar su despertar con consejos y sugerencias de apoyo, y para algunas personas, este cambio de información es suficiente para compensar las carencias de las personas que lo rodean.

No hay maestro o guía

Si bien algunas personas serán autoguiadas en sus despertares sin ningún problema, otras trabajarán mucho mejor para esa experiencia con un maestro o al menos un mentor que ayude y guíe sus caminos. Si usted se siente perdido y está buscando desesperadamente un profesor, mi primera recomendación es buscar un estudio de yoga que enseñe yoga kundalini. Establezca una conversación con el maestro y vea qué florece de allí. Alternativamente, puede buscar salas de chat de kundalini en línea, o si prefiere cosas en persona, puede ir a su tienda metafísica local y preguntar acerca de los mentores de meditación. Nunca tiene que luchar solo. Permita que kundalini guíe su confianza para que pueda atraer a las personas cuya ayuda necesitará para crecer.

El entorno no apoya al despertar

Ya sea que se trate del entorno de su hogar, su entorno de trabajo, su entorno económico, su entorno natural o de otra manera, es cierto que algunos espacios no se alinean con el esfuerzo de uno hacia el despertar. A veces, la gente habla basura, lo que puede afectar su flujo. A veces, la gente puede reírse por lo que le apasiona. Otras veces, es posible que esté rodeado de contaminantes que mantienen calcificada la glándula pineal sin que usted lo sepa. Confíe en su intuición en estos casos. Si se siente como un lugar inseguro para meditar o hacer su práctica de yoga, intente encontrar otro espacio. Si siente que su bienestar y cordura están amenazados por ser quien es y hacer lo que usted quiere hacer, busque refugio en otro lugar hasta que sea lo suficientemente fuerte como para luchar contra esa vibra. No tiene que forzar este proceso, y ciertamente no tiene que hacerlo cuando no pueda sentirse seguro.

10 peligros y riesgos asociados con el despertar

Si bien "peligro" es una palabra fuerte para describirlo, en verdad, hay algunos peligros asociados con el despertar, particularmente en términos de ir por más de lo que usted puede controlar. Esta sección enumerará explícitamente 10 riesgos para que pueda verificar si se está acercando a las cosas de una manera que sea más peligrosa de lo necesario. Si se relaciona con alguno de estos 10 puntos, definitivamente tendrá que cambiar su enfoque si alguna vez espera ver un éxito verdadero y duradero con el despertar de la kundalini. Sin embargo, algunos de estos "peligros" son solo síntomas que pueden asustarle cuando los experimenta, y el punto es simplemente trabajar con ellos. Haré notar cuando este caso sea cierto para un sentimiento particular.

Sobrecarga o Agobiar el alma

Siempre existe el riesgo de que usted se esfuerce demasiado espiritualmente. Cada vez que alguien fuerza o intenta iniciar el despertar de la kundalini, este riesgo está muy presente. Especialmente, si no está en contacto con su yo superior o guías espirituales, es posible que le resulte extremadamente difícil darse cuenta de dónde están bloqueados sus chakras y cómo eliminarlos exactamente. Además, es posible que no se dé cuenta hasta muy tarde si está abrumando el proceso de la kundalini y del despertar en general, lo que obliga a su alma a manejar más de lo que puede. La mejor táctica es simplemente tomar las cosas como vienen sin intentar hacer demasiado a la vez.

Haciendo las cosas demasiado y muy rápido

Existe un riesgo igual para aquellos que tratan de hacer mucho y demasiado rápido. Esta táctica casi con certeza causa un desequilibrio más tarde, ya que la kundalini forzada y acelerada se desboca a través de la vibración de su sistema y de alguna manera ignora los bloqueos en los chakras por los que pasa. Esta acción, en general, daña la kundalini y crea estados de enfermedad adicionales en los chakras, así que, por favor, tómese esto en serio. Tenga cuidado de no hacer las cosas demasiado rápido para que no tenga que trabajar aún más después cuando esté listo para intentarlo de nuevo.

Su cuerpo no puede mantenerse al día con la mente

A veces, realmente no sabrá que está haciendo mucho y muy rápido porque todo sucede por dentro. En estos casos, es probable que su cuerpo no pueda mantenerse al día con la velocidad que su mente puede manejar. Al igual que en el punto anterior, este problema puede implicar desequilibrios y daños futuros del chakra en su aura y la kundalini, por lo que lo mejor que puede hacer en respuesta es asegurarse de que su práctica aplique una combinación de prácticas basadas en el cuerpo y la mente. Meditar y cantar es una cosa, pero no puede ser solo esta expresión sin yoga e incluso correr o andar en bicicleta, también. Alinee su cuerpo con su mente, y no tendrá este problema.

Falta de arraigo debido a las "elevaciones" espirituales

A medida que usted trabaja en las profundidades de su despertar, es posible que se encuentre espiritualmente "elevado" a veces, y estará mucho menos conectado a la tierra en su cuerpo de tierra cuando esto suceda. Este "peligro" es más como un síntoma, como se menciona en el párrafo de introducción a esta sección. La mayoría de las personas experimentarán esta falta de fundamento a través de la emoción del despertar de la kundalini. Sus chakras superiores se abrirán de par en par y tendrá la oportunidad de distraerse con lo que puede percibir ahora. Siempre que se sienta así, soñador, distraído, flotante, casi como una nube, comience a respirar profundamente. Coloque una mano en un puño en su ombligo e imagine que puede dejar caer una cuerda desde este lugar de su cuerpo hacia la tierra. A medida que este cordón cae y se conecta con la naturaleza, siéntase conectado a tierra y afirmado con su cuerpo humano. Esta visualización debería aliviar tales síntomas "elevados" cada vez que surjan.

Temblores y espasmos musculares

Al igual que con el punto mencionado directamente arriba, los temblores y los espasmos musculares son síntomas del despertar de la kundalini que muchos (si no todos) experimentarán en sus procesos. Solo se codifica como un "riesgo" o "peligro" porque la persona puede no pensar que estas acciones estén conectadas con su despertar y asustarse por su propio bienestar. Si alguna vez tiene estos espasmos o sacudidas involuntarias, respire profundamente y trate de sentirse cómodo. Estos son "dolores de crecimiento" naturales asociados con el despertar, y pasarán. Eventualmente, ya no los tendrá en absoluto, pero por ahora, respire profundamente y acéptelos. Son una buena señal, créalo o no.

Encontrarse solo en la "noche oscura del alma"

Otro síntoma del despertar es la experiencia de la "noche oscura del alma". Este período de tiempo se cumplirá para cualquier persona involucrada en el despertar de la kundalini, y no es necesariamente un momento divertido, por lo que se codifica como un "peligro" o "riesgo". Esencialmente, la "noche oscura del alma" es cuando usted siente que ha alcanzado su punto más bajo. Es el momento después de que usted enfrenta todos los defectos en sí mismo y se da cuenta de que solo puede ascender, lo cual es una responsabilidad desalentadora. Puede perder a alguien cercano a usted, como un mentor, un amigo o un ser querido. Puede que se sienta sin rumbo o cuestionando todo lo que creía saber que era verdadero, real y bueno. Si se encuentra sintiendo estas cosas, no ha fallado en despertarse, sepa eso hasta lo más profundo de su núcleo. No ha fallado, usted está en el buen camino. Para aquellos que conocen a alguien muy sensible emocionalmente que está tratando de despertar a la kundalini, manténganse al tanto de esa persona. Los emocionalmente sensibles entre nosotros corremos un gran riesgo al pasar por estos períodos solos. Si son demasiado sin rumbo y desanimados, puede impactar sus vidas, pero siempre podemos protegernos contra eso. Somos más fuertes como comunidad, y cada uno de nosotros sobrevivirá esta noche oscura con esa fuerza de respaldo.

Problemas para adaptarse a la nueva visión del mundo

Cuando usted entra en el despertar, es posible que no se dé cuenta de todo lo que tiene que cambiar. Su relación con la cultura popular, la música, las noticias, los medios de comunicación, la medicina y más cosas cambiará absoluta e indudablemente. Un síntoma de estos ajustes que a veces se presenta como un "riesgo" o "peligro" es que las personas pueden tener problemas para llegar a un acuerdo con la nueva visión del mundo. Si se relaciona con este mensaje, intente no luchar contra lo que está aprendiendo. Practique la aceptación abierta y radical y recuerde que no se le mostrarían estas cosas si no fuera necesario para su alma y su despertar de la kundalini. Confíe en el universo y crea profundamente que el mundo sigue siendo hermoso sin lo que pensaba que sabía.

Revisión y resolución de traumas (potencialmente solo)

Un síntoma que se codifica como un "riesgo" o "peligro" es que cualquier persona que haya experimentado algún nivel de trauma será guiado para resolver esas heridas y cicatrices cuando comience con el despertar de su kundalini. Tantos traumas encuentran su raíz en el chakra de la base, y la kundalini descansa allí, justo en la base de la columna vertebral, detrás de los genitales y los órganos reproductivos. Cuando comience a aumentar, obligará a la persona a procesar esos bloqueos y resolverlos, lo que puede significar mucho trabajo intimidante (o incluso desencadenante). Trate de no aislarse durante este proceso. No tiene que sentirse solo cuando está trabajando en resoluciones tan intensas, pero la clave puede ser lo suficientemente valiente como para pedir ayuda.

Ignorar la responsabilidad transformadora con medicinas

Puede parecer absolutamente razonable combinar, digamos, drogas psicodélicas con el despertar de la kundalini. Si está dentro de sus posibilidades, puede que incluso le atraiga la ceremonia de ayahuasca o el consumo excesivo de marihuana. Pero piénselo. La kundalini está trabajando para moverse a través de todos sus chakras en su expresión más clara, sin bloqueos ni entumecimiento. Seguramente, es posible que las drogas puedan abrir su mente, pero no olvide que a veces esa apertura se produce al cierre de algo más. Su tercer ojo podría abrirse, por ejemplo, pero su chakra del plexo solar se apagará por un momento o incluso unos días. Mantenga las cosas en el interior en una quilla uniforme usando drogas lo menos posible durante el despertar de su kundalini. Si no puede detenerse, podría ser que la adicción es lo que se interpone en su camino más que cualquier otra cosa.

Desarrollo del síndrome de la kundalini

El síndrome de la kundalini es la razón por la cual el despertar de la kundalini a veces adquiere una mala reputación. Esencialmente, todos estos "peligros" y "riesgos" pueden acumularse en un síndrome de desagrado para ciertos practicantes del despertar que son altamente sensibles, ya están desequilibrados, son inusualmente fáciles de despertar o no. El síndrome de la kundalini parece inquietud y ansiedad constantes con los llamados "delirios de grandeza". Las personas con el síndrome viven principalmente en sus cabezas y tienen problemas relacionados con el plano físico terrestre. Estas personas están atrapadas en una fase de despertar, y ese estancamiento podría haber sido causado por forzar el proceso, acelerarlo o trabajar a través de él para una intención impura. Para evitar el síndrome por sí mismo, tome las cosas como vienen con su despertar y no se estrese demasiado cuando las cosas se pongan difíciles. Crea con su corazón que encontrará equilibrio y felicidad una vez más. *Llegará* al otro lado del despertar y luego, con esa creencia implantada en lo profundo de su corazón, estará seguro de no quedarse atascado.

Los 15 errores más grandes que la gente ha cometido (y cómo evitarlos)

Desde el inicio del trabajo de la kundalini contemporáneo en la década de 1960, varias personas han pasado por el proceso, lo que significa que muchas personas han logrado despertar y que algunas personas han fracasado por completo. Los errores de estas personas serán como oro espiritual para usted, ya que lo ayudarán a aprender, a corregir su camino y a adaptarse antes de que se cometa el error perjudicial. Aunque algunos han caído, sus esfuerzos lo elevarán, y seguramente usted se elevará a través de esos esfuerzos combinados con los suyos.

Caer en la trampa del ego "bondad"

Si usted se encuentra comenzando a compararse con los demás en función de lo que es bueno y lo que es malo, a pesar de tener su kundalini en un estado de despertar, ha caído en la trampa del ego. El primer paso para corregir este bloqueo mental es darse cuenta de lo que está haciendo. Una persona verdaderamente despierta no juzgará a los demás de esta manera. Observe lo que está haciendo y trabaje directamente contra él. Reconsidere los conceptos de bueno y malo en su totalidad y comience a buscar su reflejo en lo profundo de usted antes de salir al mundo proyectándolo en los demás.

Caer en la trampa del ego "espiritual"

Si usted se encuentra empezando a compararse con los demás en función de quién es más espiritual que quién, ha caído en otra trampa del ego. Al juzgar a los demás en cualquier aspecto, y mucho menos en los grados de espiritualidad, coloca su ego en una posición en la que es más importante y más fuerte que su alma. La verdadera espiritualidad no encuentra un equilibrio entre el ego y el alma, sino una mutación del ego para beneficiar al alma, por lo tanto, si se encuentra pensando en estas cosas o siguiendo estos trenes de lógica, deténgase de inmediato y corríjalo. Cuanto más consciente sea de hacer (en lo que respecta al juicio), más fácil será dejar de hacer tales suposiciones y crecer como un ser verdaderamente espiritual.

Caer en la trampa del ego de "amor y luz"

Si usted se encuentra comenzando a compararse con otros despertados sobre la base de quién expresa la vibración de amor más pura, se está poniendo en otra posición de atrapamiento del ego. No todas las expresiones espirituales involucran "amor y luz" al final y no todos deben hacerlo. De hecho, la oscuridad y la sombra son fuerzas tan importantes en el universo como lo son el amor y la luz, por lo que centrarse en estos últimos conceptos solo crearía un desequilibrio energético. Pierda el juicio y recuerde lo importante que es el equilibrio en todas las cosas.

Caer en la amabilidad falsa

A medida que usted avanza por el camino del despertar, las personas se sentirán atraídas hacia usted. Experimentará un aumento en el carisma natural, y cuando las personas acudan a usted, esperan ayuda y orientación. Desafortunadamente, eso significa que será mucho más claro para los demás cuando no sea sincero. Por lo tanto, haga lo que pueda en las próximas semanas, meses y años para expresar la amabilidad solo cuando realmente lo crea y en serio. La amabilidad falsa alejará a las personas de usted en todo momento hasta que se transmuta en algo más productivo. Si usted nota que cae en esa rutina emocional, necesitará una sacudida de algo para restablecerse emocionalmente antes de que se pueda lograr un progreso real.

Caer en comparaciones juiciosas

Ya sea que se base en la bondad, la espiritualidad, la ligereza o cualquier otra cosa que usted pueda encontrar, cualquier comparación que haga será una prueba de un gran error en el juego para usted. El juicio no es parte de la ascensión, y encontrará su muerte en un verdadero proceso de despertar. A medida que se adentre en el despertar, tome nota de sus patrones de pensamiento. Comience a notar cuando sus pensamientos, emociones o declaraciones involucran juicio y redirija esas cosas antes de que sean vocalizadas en el mundo. Cambie su lenguaje, cambie sus pensamientos, cambie su mundo.

Renunciar demasiado pronto

El error más común para el despertar de la kundalini es intentarlo durante unos días y luego darse por vencido porque no está sucediendo nada. ¡Lo prometo, algo está pasando! Es solo el comienzo, y esos primeros movimientos de la kundalini no se sentirán como nada por un tiempo. Llevará, y debería llevar, un buen tiempo lograr el despertar. El despertar no debe ser forzado o empujado, no debería llevar unos días. Ni siquiera debería tardar algunas semanas. Con toda honestidad, incluso puede llevar más de unos pocos meses o algunos años como debería, ya que el proceso del despertar de la kundalini requiere mucho respeto y responsabilidad por parte de la persona. A veces, la personalidad necesita un poco de trabajo antes de poder dedicar tanta energía a un desarrollo tan poderoso. Si se siente impaciente y quiere rendirse, siga así como lo ha hecho. No se rinda, porque el resultado valdrá la pena.

Apresurar o forzar el proceso

Numerosos consejos en este capítulo advierten sobre los peligros de acelerar el proceso de despertar. Por favor, por favor, por favor: no se obligue a abrirse. Permita que la paciencia y el tiempo adecuado sean inculcados en su proceso. Permítase entender la importancia del momento adecuado. Recuerde, también, que lo que podría estar presionando tan atentamente podría no ser tan glorioso como piensa. El despertar requiere el desprendimiento de capas, la transformación de lo improductivo en lo bueno y la pérdida de lo que ha sido tóxico. No es necesariamente fácil ni glamoroso, y no debe ser apresurado en absoluto. Para evitar este error, tómese las cosas con calma y recuerde de qué se trata realmente el despertar.

Perder la disciplina a través del proceso

Si bien el despertar de la kundalini no debe ser apresurado, sus prácticas deberían ser al menos constantes para que se logre el mejor resultado con la menor dureza de la transición. Asegúrese de no caer en el error de perder la disciplina en todo el proceso. Muchas personas comienzan fuertes y dedicadas y pierden su entusiasmo después de una semana. En lugar de caer en la misma rutina, trate de ser consciente de lo que está sucediendo con su nivel de energía a lo largo del tiempo y planifique en consecuencia con su despertar. Planifique sus períodos de meditación y yoga durante las horas que sabe que funcionarán con su horario de vigilia y sueño. En general, haga que la práctica de mantener la disciplina sea lo más fácil y natural posible.

Pasar menos tiempo (o ningún tiempo) con la naturaleza

Uno de los errores más comunes relacionados con el despertar de la kundalini se relaciona con la mentalidad y el entorno de uno, como si uno estuviera en un viaje psicodélico. Su mentalidad tiene que ser correcta, pero también su entorno, y en este caso, "entorno" en realidad significa el mundo natural. Asegúrese de pasar tiempo con la naturaleza semanalmente durante su proceso de despertar. Sin ese impulso ambiental, su despertar puede volverse desequilibrado hacia el beneficio de la humanidad sobre la tierra, y como siempre, el equilibrio es clave. La naturaleza lo inspirará, lo centrará, lo castigará y le enseñará, ¡y la kundalini es una serpiente después de todo! Entre a la naturaleza, le prometo que hará que todo sea mucho más manejable.

Mirar la espiritualidad como meta final o destino

Otro error común es la visión de la espiritualidad o el despertar de la kundalini como si fuera el objetivo final en sí mismo. He estado tratando de dar forma a mi lenguaje en este texto para reflejar que la espiritualidad y el despertar de kundalini no son como algunos picos de montañas que podemos escalar y conquistar. Son mucho más como los océanos o los abismos para escalar y explorar durante la eternidad. Si bien hay objetivos dentro del despertar de la kundalini en los que está trabajando, el objetivo final del proceso es darse cuenta de que es exactamente lo que es: *proceso, práctica y experiencia.* Al cambiar la forma en que observa las cosas y cómo habla sobre el despertar, puede asegurarse de no caer en las trampas de este error.

Usar el proceso simplemente para obtener poderes psíquicos

Similar al punto anterior, este insiste en que su meta final no debería ser solo un despertar psíquico y listo. Si está entrando en el despertar de la kundalini con otros objetivos que no sean experimentar todas las facetas de la divinidad y la espiritualidad en usted y en el mundo, entonces sus intenciones son "impuras", y le guste o no, su kundalini puede sentir eso. En este caso, su despertar puede terminar siendo problemático o estar plagado de conflictos, pero hay una manera segura de evitar este contratiempo. No inicie el despertar solo para obtener poderes psíquicos o incluso solo curación física. Considere toda la experiencia y dedíquese al florecimiento de su verdadero potencial, sin importar lo que eso signifique para su cuerpo. Es solo un cambio de enfoque y luego las cosas pueden volver al camino correcto.

Buscar respuestas principalmente fuera de uno mismo

A medida que usted atraviesa el proceso de despertar, un gran error es caer accidentalmente en una rutina en la que constantemente busca respuestas fuera de sí mismo, olvidando su propia intuición. El despertar de la kundalini consiste en conectarse con su sentido más amplio, ya sea que se manifieste a través de su ser superior, las comunidades con las que está involucrado, sus guías espirituales, su familia, su misión del alma o de otra manera. Por lo tanto, si busca respuestas *fuera* de usted, es probable que alcance un desequilibrio en el proceso. Recuerde mirar profundamente y trate de no alejarse de las cosas que quizás no le gusten. Procesar todos esos problemas será parte de lo que le ayude a través del despertar hacia el otro lado.

Apegarse demasiado a la práctica espiritual

Si bien su práctica de despertar kundalini es ciertamente importante y seguramente será importante *para usted*, trate de no apegarse demasiado a sus rutinas, incluso a aquellas orientadas hacia el crecimiento. Cuanto más apegado esté a algo, más sufre, y la kundalini, el espíritu o la divinidad podrían tratar de ponerlo a prueba quitándole la efectividad de su práctica solo para agitar las cosas. Si eso sucede, es solo para que recuerde que el desarrollo espiritual puede ocurrir sin ningún tipo de *práctica o rutina*. Da la casualidad de que la práctica puede ayudar, pero no lo es todo. Por lo tanto, para evitar este adjunto problemático, cámbielo con frecuencia y no se deje conectar a ningún método. Manténgase flexible, manténgase abierto a toda la experiencia que el despertar puede ofrecer, y recuerde: el despertar no es algo que pueda tener, adueñarse o poseer, es una práctica, y nunca debería controlarlo completamente.

Usar el proceso simplemente para contactar con los muertos

Algunas personas se acercan al despertar de la kundalini con un objetivo final específico en mente: contactar con los muertos. Si bien este tipo de despertar tiene el poder de conectarle con planos fuera y alrededor de la Tierra y dimensiones que están más allá de las nuestras, nunca debe practicar el despertar solo para tener esta experiencia. Al igual que con varios puntos anteriores, este objetivo final hace que su práctica sea impura y terminará afectando el desequilibrio futuro en su salud, chakras e intelecto. Puede evitar fácilmente este error asegurándose de no enfocar su despertar alrededor de una sola faceta, especialmente esta.

Utilizar el proceso con la esperanza de ser libre

Finalmente, puede ocurrir que el despertar de la kundalini ayude al individuo a sentirse más libre de lo que nunca se haya sentido, más liberado para ser él mismo y más capaz de hacer exactamente lo que el espíritu le pide que haga. Sin embargo, como en el punto anterior, el objetivo final de su proceso no debe ser esta libertad. En su lugar, permita que la libertad sea un síntoma feliz o un efecto secundario si (y cuándo) surge, pero no deje que su enfoque caiga en él por completo. Esté allí para la experiencia y deje que suceda lo que suceda. Suelte el control, las expectativas y los apegos, y la kundalini seguramente se levantará.

Capítulo 5: Clase magistral de la kundalini

Ahora que básicamente es un maestro en el tema de la kundalini y sus síntomas y el proceso del despertar, ¡es el momento de avanzar a la clase magistral de la kundalini! En este capítulo, se le presentarán los detalles más jugosos del potencial relacionado con el despertar de la kundalini, desde la alineación del chakra hasta la proyección astral y dones psíquicos adicionales. El desafío al abordar este capítulo es mantener una razón pura para intentar el despertar en su propia vida. No se deje atrapar por los deseos de orgullo y ego, solo lea este capítulo y tome conciencia de lo que hay en su futuro si sigue este camino. Simplemente lea, acepte y confíe en lo que está por venir.

Chakra de curación y alineación

Con el conocimiento de lo que hace cada chakra y lo que significan los bloqueos de chakra en referencia a su objetivo general de despertar, ahora debería poder llevar las cosas un paso más allá en relación con su propia curación de chakra. La siguiente es una meditación guiada para la alineación de chakra que puede leer (o grabarse leyendo en voz alta y reproducir a medida que avanza) y pruebe. Esencialmente, veremos un método para alinear sus chakras abiertos e invitar a la serpiente a elevarse.

Cierre los ojos y respire profundamente. Imagine que está en una playa junto a un lago fresco y claro. Imagine los alrededores de este lugar tranquilo, donde está solo con una casa en un lago detrás de usted que siente como si fuera suya. Saber que está en un espacio hermoso pero seguro le hace sentir completamente relajado, fuerte y en paz.

De repente, se da cuenta de que no está en la playa: en realidad está sentado en el lago y el agua sube hasta la mitad del nivel del pecho. Se siente completamente satisfecho con esta decisión, ya que el agua se siente algo cálida y reconfortante con la brisa del verano. Cierre los ojos tanto en la meditación como en el mundo real.

Si le importara abrir los ojos, vería que el agua es de hecho tan clara que casi parece que no hay nada allí. Vería que casi parece como si estuviera sentado en un terreno de grava colorida, pero cuando mueve los brazos, lo sabe mejor. Cuando usted se mueve, puede ver (y sentir) las ondas.

Usted se sienta en este claro y tranquilo lago. Cuando encuentre paz en estar allí y confíe en que nada le hará daño, se relaja de una manera que no había sentido en mucho tiempo. Se permite respirar profundamente y bajar los hombros para liberar la tensión. También gire la cabeza de lado a lado para liberar la tensión en ese área. Finalmente, lleve el cuello y el pecho al centro y comience a visualizar su canal central.

En esta columna interior de energía, Puede visualizar una onda de luz blanca que fluye libremente. Tiene la sensación de que la luz blanca fluye con tanta fuerza y pureza que también convierte el agua a su alrededor en blanco. Abra un ojo y confirme nuestra intuición. El agua en la que está sentado sigue teniendo la misma temperatura y textura, pero ahora parece un baño de leche. Aspire esa sensación purificadora y cierre los ojos una vez más.

Al recordar esa columna de luz blanca que fluye libremente, lleva su visualización a ese espacio. Saber que todos los bloqueos de sus chakras se han eliminado le ayuda a sentirse seguro al avanzar, y le permite hipnotizarlo con la belleza de esa luz blanca interior. Sin embargo, la luz no puede durar, y sabe que este canal, esta poderosa columna, puede usarse para algo aún más importante que solo centrarse en este momento.

En este tranquilo lago de leche en medio de su espacio seguro y tranquilo, usted comienza a zumbar con valentía. Realmente no sabe la canción que está zumbando, y puede que solo sea un tono con el sonido "ohm". Cualquiera que sea la canción, siempre ha estado con usted, y es una canción de apoyo que se siente bien en este momento. A medida que toca su canción, es como si usted fuera un encantador de serpientes, ya que la kundalini parece amar el sonido.

Efectivamente, la pequeña serpiente que se encuentra enrollada en la base de la columna vertebral comienza a moverse hacia arriba, desenrollando y enrollando las ruedas de energía de su chakra en busca de la fuente del sonido. Normalmente, es posible que usted tenga miedo de la imagen de una serpiente dentro de su cuerpo, pero saber que su cuerpo está enraizado en este espacio natural e imaginativo de alguna manera lo protege y le escuda de cualquier daño. Usted confía en este hecho y sabe desde su corazón que es verdad.

Sin miedo y emocionado, usted zumba cada vez más mientras la kundalini se eleva y serpentea a través del chakra de la raíz hacia el sacro, alrededor del plexo solar, y luego hacia el corazón y la garganta. Observa que la serpiente permanece un rato alrededor del chakra de la garganta, y asume que es porque la kundalini disfruta mucho del sonido de su zumbido. En última instancia, la kundalini sabe que debe continuar, por lo que en la paz de su cuerpo (descansando en la paz del lago, alojada en la paz de este espacio seguro y silencioso), la kundalini se eleva una vez más.

La kundalini se acerca a la cara para lamer el tercer ojo y coronar los chakras antes de girar y volver a bajar a través de los mismos chakras una vez más, desde el tercer ojo hasta la garganta, el corazón, el plexo solar, el sacro y la raíz. Cuando se completa el primer ciclo de devanado de la serpiente, se siente lleno de potencial y suspira de alivio. Parece que usted siente que todo está bien en el mundo y que su dirección se le está revelando a medida que toma esta misma respiración.

En el agua fría y completamente clara, abre los ojos y ve que el mundo se ha vuelto mucho más brillante, los sonidos son más claros, los olores son más crujientes y el agua se siente más ligera que el aire. Usted se para y extiende sus brazos al mundo de este espacio y simplemente respira su belleza, sabiendo que está lleno del mismo potencial, el mismo prana y shakti que lo inspiran a usted y a la naturaleza. Respira profundamente y abre los ojos al mundo.

Alcanzar planos superiores de conciencia

Si usted tiene objetivos de acceder a planos superiores de conciencia, el despertar de la kundalini es un gran lugar para comenzar. De hecho, el despertar de la kundalini instiga la conciencia de estos planos superiores, y algunas personas incluso obtienen acceso a ellos, pero siempre ayuda tener una guía a su disposición. Para aquellos interesados en alcanzar estos estados de conciencia con la ayuda de la ansiosa kundalini, la siguiente sección proporciona la guía que necesita. Los siguientes 8 pasos lo llevarán al acceso que busca, cuando se realiza por las razones correctas.

Primero, despeje su mente completamente. Antes de embarcarse en el viaje a otros planos de conciencia, deberá asegurarse de no llevar consigo ningún equipaje emocional innecesario, ¡así que revíselo en la puerta! Cierre los ojos y respire en un enfoque meditativo. Intente eliminar tantos pensamientos como sea posible de su mente, deje que se disuelvan como sal en el agua o como nieve en pavimento caliente. Deje que se evaporen de su mente hasta que se logre un espacio interior tranquilo y en calma. Este espacio fijo es absolutamente esencial para lograr avanzar, así que querrá asegurarse de que sea fuerte. Mantenga este espacio en la mente el mayor tiempo posible antes de pasar al segundo paso.

En segundo lugar, hay que evocar el canal central. Meditativamente cambie su conciencia ahora para ver este canal central iluminado dentro de usted lo mejor posible. Si aún está trabajando en los bloqueos recientes, puede verlos como puntos más oscuros en el canal, pero es de esperar que no existan puntos en absoluto. Mientras visualiza este canal central, llénelo con la misma luz blanca brillante que la última sección e imagine que puede agregar amor a esa energía luminosa. El amor es una vibración que querrá llevar consigo mientras viaja a otros reinos, ya que es parte de lo que es tan único acerca de ser humano. Si alguna vez se pierde, siempre puede seguir esa vibración hasta el lugar de donde proviene, pero eso importa más adelante. Por ahora, solo enfóquese en respirar y potenciar ese canal central con tanto amor y luz como sea posible.

Tercero, deje que la serpiente se levante. Una vez que sea cómodo hacerlo y una vez que sepa que el canal está listo, la kundalini saldrá a jugar. En este punto, puede visualizar meditativamente la kundalini siguiendo su camino sinuoso a través de sus chakras una vez más, desde la base hasta la corona y nuevamente hacia abajo. Vea en cuántos ciclos lentos y constantes puede soportar ser testigo antes de ser puesto en acción. Simplemente observe cómo la serpiente completa su curso interior y confíe en su potencial energético. Exprese amor a la kundalini y confíe en el universo y luego continúe al siguiente paso.

Cuarto, acepte y exprese gratitud por su cuerpo, ¡y no deje de olvidar lo que su cuerpo físico hace por usted, incluso a diario! Es una fuente de gran fortaleza y apoyo, y se mantendrá sólida y segura en el plano terrestre mientras su conciencia y su alma exploran a otros. Respire esa verdad y exhale su confianza. Además, exprese una poderosa ola de aceptación y amor por su cuerpo. ¡Siéntase agradecido por todo lo que hace por usted y siéntase orgulloso de lo que ha logrado con él! Si las experiencias de su vida pasada vienen a la mente o su conquista de los bloqueos de chakra para permitir el despertar de la kundalini, ¡simplemente recuerde todo lo que su cuerpo ha hecho por usted y esté orgulloso! Sepa que las experiencias futuras con esta forma de tierra beneficiarán absolutamente su crecimiento.

Quinto, revise sus metas contra su ser superior. Usted debe haber llegado a esta experiencia en busca de planos superiores de conciencia por una razón, y esa razón podría no estar respaldada por la más pura de las intenciones. Intente ser lo más honesto que pueda con usted mismo mientras busca para definir la verdadera razón por la que desea este tipo de acceso a otros planos de conciencia. Una vez que haya adivinado la respuesta, verifique su ser superior. Algunas personas hacen esta pregunta en forma de "WWJD? ¿Qué haría Jesús? ". Lo preguntarán en términos de "¿Qué haría mi mejor yo?" Use esa percepción para informar su experiencia, ya que probablemente decida seguir adelante.

Sexto, declare el objetivo que tiene en mente para la kundalini. Una vez que haya comprobado y modificado esos objetivos en función de sus interacciones con su ser superior, también debe verificar que su kundalini pueda manejar esa conectividad cósmica en este momento. Vuelva a consultar con la kundalini y asegúrese de que no esté sobrecargado, agotado, o que se haya desviado accidentalmente de su trayectoria sinuosa a través del canal central. Mientras la kundalini esté funcionando normalmente, ¡entonces las cosas deberían ir bien! Sin embargo, no fuerce las cosas. Parece divertido visitar planos superiores de conciencia, pero si la shakti no está con usted, de alguna manera, porque ha sobrepuesto la disposición de la kundalini, seguramente lo lamentará, ya que la experiencia no estará cerca de lo que usted se imaginaba.

Séptimo, deje que la kundalini lo lleve hasta allí. Como la kundalini expresa su aprobación de sus objetivos, suelte las riendas y deje que la kundalini tome el control. Confíe en que este vehículo de fuente de energía lo llevará a donde necesita estar, y sienta la compañía de sus ángeles y guardianes, también, porque seguramente podrán hacer este viaje transplano con usted.

Octavo, asegúrese de haber desarrollado una táctica para regresar. Acceder a los planos superiores de conciencia (y otros planos de existencia) puede ser una experiencia similar a la proyección astral y viajar a veces, y tendrá que recordar de dónde viene para saber a dónde volver. No querrá que su conciencia flote en el éter para que nadie deje la huella o se interese. Para asegurarse de que eso no suceda, haga un plan de retorno antes de que incluso "se vaya" hacia el plano superior. Si ha visto la película *Inception* (Origen), tome una nota de su libro y traiga consigo un "token" que le recordará qué mundo es real. Puede sonar como una locura, pero cuanto más despiertos estén usted y su kundalini, más experiencias de meditación inmersiva de esta naturaleza podrá vivir usted.

Proyección Astral y Viajes

A diferencia de viajar a planos superiores de conciencia con la ayuda de la kundalini, también puede proyectarse astralmente y viajar con el mismo tipo de ayuda. Cuando se va a otros planos de conciencia, el alma y la mente pasan a otro nivel de pensamiento que impacta al cuerpo de una manera que las palabras estándar o el conocimiento nunca podrían hacer. Pero al usar el viaje astral, uno puede ir a otras dimensiones, realidades, mundos y más. Esta sección servirá como una guía para aquellos que buscan desarrollar habilidades de proyección astral y viajes, ya que estos dones son más complicados de lo que parecen al principio.

Primero, despeje su mente completamente en un estado meditativo. Deje que su mente se vuelva clara de pensamientos y emociones. Deje que cualquier impulso, deseo, necesidad o cálculo salga también de su mente. El objetivo es tener un silencio sereno y calmado dentro de la mente. Antes de viajar a otros planos energéticos, debe asegurarse de que es lo más puro posible de una expresión energética. ¡No querrá terminar yendo a estos otros planos con bloqueos energéticos que le impidan volver a casa solo por un pensamiento que sobresalía antes de que se fuera! Intente eliminar esa posibilidad de que suceda manteniendo esta mente calmada y compuesta antes de seguir avanzando en el proceso.

Segundo, evoque el canal central y levante la kundalini. Con su mente tranquila y serena, recuerde ese canal central. Deje que se ilumine con la misma luz blanca cálida y luego permita que la kundalini se sienta invitada a levantarse. Sin bloqueos en su camino, la serpiente serpentea con cautela pero cómodamente y la devuelve a su chakra corona y luego vuelve a bajar.

Tercero, permita que usted y la kundalini se fusionen en un estado hipnótico. Con la kundalini fluyendo a través de sus chakras y activando el canal central, cierre los ojos y trate de visualizar en detalle lo que está sucediendo en el interior. Vea a la kundalini metódicamente subir y bajar. Siéntase apoyado por esos esfuerzos, pero también permita que esos pensamientos y emociones conscientes se desvanezcan una vez más. ¡Usted quiere ser hipnotizado por este movimiento, perderse en él! Todo lo que importa es que usted y la kundalini son uno, y su movimiento por dentro comienza a crear una vibración que pronuncia: Estoy listo para viajar.

Cuarto, recuerde que su mente tiene mucho más poder que su cuerpo. Antes de embarcarse en el viaje astral, querrá conectarse a tierra parcialmente con este conocimiento, y la mejor manera de hacerlo es "aterrarse" a sí mismo (por así decirlo) en el cuerpo astral. Con esos ojos cerrados y su mente en este estado hipnotizado, comience a conectarse con el cuerpo que no es suyo. Lo que quiero decir es esto: cuando se visualice apretando su puño, no es su cuerpo real el que se mueve, sino que está imaginando un cuerpo que es suyo (que en realidad no es su cuerpo físico) haciendo el trabajo. En este sentido, quiero que se conecte con la versión de su cuerpo que existe en el ámbito mental y que se ve afectado cuando visualiza las cosas. Intente mover cada dedo y dedo del pie de ese cuerpo imaginado por separado. Cree varios ejercicios propios para enraizar con este cuerpo astral, y su viaje en el plano se volverá más fácil. Algunas otras cosas que puede intentar son imaginarse dando saltos, haciendo una voltereta, contando con sus dedos, haciendo malabares y haciendo un baile intrincado.

Quinto, conéctese con su energía sutil. Ha trabajado para conectarse con su cuerpo físico, ha hecho lo mismo y conectado con la kundalini, y está conectado con su cuerpo astral, pero ¿qué pasa con lo que queda? Siempre hay una capa adicional de energía sutil que vibra a su alrededor debido a las otras formas de vida basadas en el carbono (y dispositivos tecnológicos) de nuestro mundo. Trate de ponerse en contacto con esa capa de energía ahora. Con su mente aún parcialmente hipnotizada y su apertura a toda la experiencia, permítase sentir un zumbido en el borde de su ser cuando su cuerpo astral comienza a separarse de su cuerpo físico. Este zumbido o vibración es una buena señal. Dice que las cosas van exactamente como deberían. Sin embargo, no todos sienten estas vibraciones antes de la proyección astral.

Sexto, dejar que la visualización tome el control. Con los ojos cerrados, comience a ver su cuerpo como si estuviera flotando sobre él mirando hacia abajo. Deje que su alma, esencialmente, se vuelva elevada e ingrávida a medida que se eleva por encima de su propio cuerpo. Al igual que la kundalini en ascenso, su alma flota hasta su máximo potencial y retrocede, comenzando a explorar el espacio que lo rodea. Su alma vaga por su habitación y su casa, pero no sale de su casa para comenzar. Todavía hay un poco de trabajo de seguridad y aterramiento que realizar antes de que se pueda lograr el paso final hacia el éter.

Séptimo (¡y quizás el más importante!), ¡Siempre tenga en cuenta su raíz! Habrá un cordón plateado que sujetará su cuerpo astral a su cuerpo físico, y que a veces será lo único que puede ayudarlo a regresar a casa. No se olvide de prestar atención a este cordón de raíz física y energética. Como ha estado explorando su habitación o su hogar, ¿notó el cordón todavía? Si es así, ¡eso es maravilloso! Si no es así, es posible que no tenga una experiencia astral proyectiva completa y pura todavía, ¡pero siga con la visualización para ver a dónde le lleva!

Octavo, permítase explorar el plano astral que ha encontrado, con pasos de bebé primero, por supuesto. Ahora que ve su "conexión a tierra" plateada o su cordón guía, continúe y vea qué hay alrededor. Mire alrededor de su vecindario y tal vez su ciudad. Al principio, manténgase en el plano terrestre para no sentirse demasiado abrumado. Eventualmente, puede intentar explorar planos, realidades y dimensiones completamente diferentes, pero la densidad de su hogar siempre es un lugar seguro y familiar para comenzar.

La clarividencia y otros regalos psíquicos

Si se acercó al despertar de la kundalini en primer lugar esperando algún nivel de despertar psíquico, no se sienta abatido ni engañado. El despertar de la kundalini lo alineará mejor con su intuición, sus ideas más profundas y la misión de su alma. Además, le permitirá desbloquear regalos psíquicos adicionales en niveles que ni siquiera sabía que existían antes de que su kundalini se despertara. Esta sección lo guiará a través de varios dones psíquicos diferentes que pueden alcanzarse y, a medida que fortalezca sus habilidades de manifestación general y atracción con el despertar de la kundalini, incluso podrá elegir estos dones para su experiencia y necesidades, según lo que usted lee a continuación.

La proyección astral es el don psíquico explorado en la sección anterior, y es esencialmente la capacidad de explorar otros reinos con su conciencia voluntariamente.

La lectura del aura es otro regalo psíquico que es básicamente lo que se oye. Muchos de nosotros tenemos el don de leer el aura a nuestra manera, y si alguien intenta decirle que solo una versión de la lectura del aura es correcta, no le está diciendo toda la verdad. Todos los que pueden ver auras las ven de manera un poco diferente porque cada uno es único a su manera. Por lo tanto, si cree que puede ver auras, pero no se ajusta a las experiencias de otros, no se preocupe, confíe en usted y crea en su don.

La escritura automática es un don psíquico que implica canalizar (el siguiente punto de esta lista) en cierta medida. Esencialmente, este regalo le permite al escritor poder canalizar a su yo superior, guías, ángeles, guardianes o más en el esfuerzo de esa persona por ser verbalmente creativa.

La canalización es un don psíquico que le permite al individuo entrar en trance y dejar que otro espíritu hable a través de ese individuo durante un tiempo. Es una especie de posesión demoníaca o angelical, pero es voluntaria. La persona que actúa como canal casi siempre estará dispuesta a dejar que el espíritu hable a través de él o ella.

La clariaudiencia es un don psíquico que gira en torno a la capacidad de escuchar fuera del rango estándar de la audición humana. Las personas con estos dones podrían escuchar en otros planos de existencia, incluso en mundos sobrenaturales.

La clarividencia es un don psíquico inusual que se orienta alrededor del gusto y la alimentación. Las personas con este regalo obtendrían un sabor en la boca al azar y luego recibirían mensajes relacionados con ese sabor. Además, estos "catadores claros" podrían probar algo antes de ponerlo en su lengua.

Clairsalliance es un don psíquico que gira en torno a la capacidad de oler fuera del rango estándar del olfato humano. Quizás huele algo antes de que suceda (como por ejemplo, comida derramada o una rotura de gas o un incendio). Tal vez usted podría oler el vicio de alguien antes de iniciar una conversación. ¡Las posibilidades son prácticamente infinitas!

La clariesencia es el don psíquico que le permite a uno simplemente sentir la presencia de algo más. Ese "más" puede ser un espíritu, un guía, un antepasado, un demonio o lo que sea, pero seguro que este individuo sentiría la energía física (o espiritual) de ese ser antes que cualquier otra persona.

La clarividencia es un don psíquico que se escucha con más frecuencia y que muestra la capacidad de ver información en la mente de uno. Estas personas pueden recibir visiones o ver información física sobre las vidas de otros, pero la esencia es la misma cada vez: las cosas son siempre visuales.

La adivinación es la aplicación general de los dones psíquicos para encontrar respuestas a las preguntas. La adivinación se puede usar para leer palmas, hojas de té, I Ching, cartas natales, cartas del tarot, cristales, runas y mucho más.

La radiestesia es un regalo psíquico de la vieja escuela que nuestros ancestros solían encontrar. A veces, la radiestesia es guiada con una vara o bastones, pero el punto es descubrir lo que es importante para usted (a menudo era agua o refugio) cuando es posible que no tenga ni idea de lo que está buscando.

La empatía es un don psíquico que le permite, literalmente, sentir o asumir las emociones de otra persona. Los empáticos a menudo son muy sensibles a los sentimientos de los demás en un grado perjudicial hasta que aprenden cómo conectarse a tierra y proteger su energía de una invasión natural por parte de otros.

La intuición es un don psíquico subestimado, ya que realmente es un ejemplo de precognición. Cualquiera que tenga la intuición correcta recibió esencialmente una visión momentánea del futuro, por lo que la próxima vez que tenga la intuición correcta, ¡siéntase orgulloso de estar desbloqueando regalos psíquicos mientras vive y respira! ¡Aquí está la primera pieza de prueba!

La mediumnidad es la capacidad psíquica altamente codiciada de contactar con aquellos que han fallecido. Muchas personas están fascinadas (si no están obsesionadas) con la comunicación con los espíritus de quienes ya no viven, y el despertar de la kundalini puede ayudarlo a llegar allí, pero realmente querrá tener cuidado. La mediumnidad puede ser un regalo increíblemente agotador, y no es para las personas débiles. Supongo que lo que estoy diciendo es esto: tenga cuidado con lo que desea.

La premonición es la capacidad psíquica de poder ver el futuro. Este don es a menudo más simbólico que literal, pero lo esencial es si el mensaje es literal o figurado: el individuo con el don de premonición sabrá de los eventos futuros antes de que ocurran.

La psicometría es un don psíquico basado en el sentido que conecta al individuo con la verdad o los hechos sobre un objeto, cosa, animal, lugar o persona con solo tocarlo.

La retrocognición es la capacidad psíquica de poder ver el pasado con diversos grados de detalle. A veces, esos destellos se ven en las vidas pasadas de uno, mientras que otras veces, son miradas al pasado que no tienen relación con su experiencia (¡hasta donde sabe!).

La telequinesis es una habilidad psíquica que le permite al individuo manipular la materia con su mente, ya sea moviéndola, energizándola o de otra manera. Los individuos telequinéticos a veces pueden hacer cosas asombrosas como caminar a través de las paredes, doblar objetos firmes, destrozar una habitación sin estar en ella, llamar a las personas que necesitan ayuda sin hablar, y más.

La telepatía es el último regalo psíquico que mencionaremos y se relaciona con el poder del individuo para comunicarse con los demás sin abrir la boca. Este modo alternativo de comunicación probablemente sería a través del pensamiento, la emoción o la vibración.

Conclusión

Al acercarse a esta página final de *La Kundalini: La guía definitiva para despertar sus chakras a través del Yoga Kundalini y la meditación, y para experimentar la conciencia superior, la clarividencia, el viaje astral, la energía del chakra y las visiones psíquicas*, otra serie de agradecimientos están en orden. ¡Gracias por llegar hasta este punto! Espero que la experiencia que sintió haya valido la pena y que haya aprendido bastante en el proceso.

Ahora que tiene esta guía y toda su información, el siguiente paso es poner en marcha sus planes. Debería tener una buena idea sobre si está listo o no para comenzar su proceso del despertar de la kundalini en este momento (¡o si ya le sucedió a usted!), y si es así, debe tener el llamado plan detallado.

Ahora, será el momento de comenzar a cambiar sus rutinas para apoyar su despertar inminente. Será el momento de comenzar a ajustar su actitud, probando la meditación, meditando más a menudo, o incluso incorporándola a su proceso diario. Con unos pocos interruptores simples, se sorprenderá de lo rápido que comienzan a darse a conocer los efectos.

En general, si ha encontrado útil este texto y su información, asegúrese de dejar su reseña en Amazon. Los comentarios son muy apreciados y me ayudan a incorporar la mejor información para futuros libros basados en lo que realmente quieren mis lectores. Déjeme saber qué funciona y qué no, ¡aprecio su ayuda a pesar de todo! Gracias de nuevo por la descarga y por completar todo este libro. ¡Los siguientes dependen de usted! Seguro que será toda una aventura.

www.ingramcontent.com/pod-product-compliance
Lightning Source LLC
Chambersburg PA
CBHW030123100526
44591CB00009B/500
9781950922567